リアリズムの老後

自分らしい介護とマイケアプラン

きたじまちよこ

かもがわ出版

序　memento mori

人生とは始点と終点にはさまれた生活の時の積み重なりである。始点は自ら選んだものではないし、子ども時代にはほとんどのことは周りの大人が決めていくので、それについて諾否を言うことで、個性や意思というものが形作られるのだろう。大人になれば、仕事や家庭のあれこれの中で、今するべきことをトリアージして、重要なもの、急ぐものから片付けていく。日々、楽しいこと、苦しいことがかわるがわる、たちあらわれ、思い出を刻み、また消えていく。

そして晩年、やるべき仕事や担うべき役割から解放された時、悠々自適、のんびりとした隠居生活が待っているのだろうか？　今の日本ではそうはいかないような気がする。元気な高齢者は「介護予防、認知症予防」の強迫観念に追い立てられることになり、また、中高年の世代から、病気や経済的困窮で、思い通りの老後は迎えられない方もいるかもしれない。誰もみな自分の生存条件がよくなるように、努力をしたり、たたかったりして、毎日を過ごしてはいるのだが。

いよいよ負けだと、死神に白旗を挙げる時まで、自分の生活は自分でコントロールしたいと私も強く願っている。始点が選べないのと同様、終点のピリオドがどんなふうに打たれるのかは、もちろん選べない。それでも終点に至る軌跡は自分なりに心に描いておきたいし、それに対して誰かから難癖をつけられたくはない。そのためには、一人ひとりが老後を生きる知恵を身につけるべきだと考え、また介護職員などには制度やサービスを生かせる才覚を身につけてほしいと願い、この本を企画した。

内容は介護保険の居宅サービス計画書の自己作成（ケアマネジャーを依頼せず、自分または家族や友人が作成すること）の紹介を中心にした。この自己作成（セルフケアプラン）があまりにも知られていないために、情報提供したいという思いがあったからだ。私は社会福祉を専攻したわけではないが、一介護職員として直接援助の仕事をしてきた思いを記し、加えて直接取材した介護・医療の関連情報も掲載した。老後を生きるガイドとして読者に役立つことを期待している。

冒頭のメメント・モリはラテン語で「死を思え」「死をわすれるな」と訳される言葉だ。日本語で書かれたものとしては、親鸞上人の「御文章」の「朝には紅顔ありて、夕には白骨となれる身なり」が同様の趣旨かもしれない。俗人は一瞬一瞬に「死」を思っていられないが、「生」の中にいつも死があり、若さの陰にはいつも老いがついてきていることを忘れないようにしたい、とは思っている。それぞれの老後にどんな準備が必要か、地に足をつけて考えてみよう。

リアリズムの老後～マイケアプランと自分らしい介護

もくじ

第2章　マイケアプランをつくった人たち

第1章
介護保険とケアプラン

1、そもそも、介護保険制度ってなに？

介護保険が始まってから一七年が過ぎました。この制度のおかげで家族の介護負担が軽減されていることには大きな意義があります。改めてどんな制度なのか、おさらいしておきたいと思います。

介護保険は高齢化社会に対応するべく、二〇〇〇年四月からスタートした公的な社会保障制度です。主に六五歳以上の方が対象で、老化や疾病によって心身に支障が生じてきた場合、一定の手続きをした上で介護保険法の枠組みの中で介護サービスが受けられるというものです。その特徴と問題点は、（1）加齢によって生じた障がい・疾病に対する介護が中心に制度設計されているということ、（2）一定の手続きが必要でこの手続きが少々煩わしいという点、（3）サービス事業所の数はほぼ充実してきたが、恒常的にスタッフの人員不足があり、事業所によって質のばらつきが大きいこと、です。

介護保険制度上の介護サービスを利用する場合、市区町村への申請から始まり、認定調査、結果の通知という形になり、結果が出るまでおよそ一か月かかります。認定結果を確認してから、介護サービスを使いたい方は、この時間差を考えて、適切な時期に申請しましょう（法律上は申請日から介護サービスは利用可能です）。

認定調査で大事なことは、本人の普段の様子をよく知っている家族あるいは友人が、調査時に同席した方が良いということです。調査は決められた質問項目に沿って行われますが、「特記事項」という自由記述の欄があり、質問項目以外で気になることをもれなく記入してもらえれば、それが認定結果にきちんと反映されるからです。

その後、介護保険のサービスを利用する場合は、ケアプランとケアマネジャーが必要になります（介護認定がおりても、サービスを使わないという選択も当然できます）。ケアプランとは本人の望む生活の希望を聞き取って、必要なサービスを調整しながら、一定の書式に介護の方針、目標、具体的なサービス、一週間の予定などを記入した計画書です。自分の意向が反映されたプランなのかどうかが、利用者にとっては大切なのです。しかし、介護保険係から見れば適正なケアプランというのは、不必要なサービスを入れていないプランであり、さらに単位数管理ができていること（介護費用の計算が間違っていないこと）、利用者の承認を得ていること（ハンコが押されているか）が重要なようです。このためケアマネジャーの業務はスタンプラリー（利用者宅を回り、ハンコを集めているだけのように表面上はみえるので）と揶揄されることもあります。

ケアプランの自己作成は認められているのに、どうして実際に実行している高齢者は少ないのでしょう？　ケアプランの作成、利用票の作成そのこと自体は難しくないですが、利用したサービスの単位数の計算をする別表の作成が一つのネックになるのではないでしょうか。これは同じ時間数の訪問介護や同じ時間数のデイサービスを利用したとしても、各種加算により、単位数が異なり、費用負担が違ってくるからです。

この理由はいくつかあり、一つ目は市町村ごとで人口密度や、地価や人件費に地域格差があり、全国一律の利用料に統一できないことがあります。それゆえ各地の人口密度や高齢化率、介護の供給体制など勘案して各地を一級地～その他の七つの区分に分けて、介護報酬に差をつけています。訪問介護でよく利用されている「生活3」（家事などのサービスを四五分以上提供）の料金で説明すると、一級地の東京特別区では一回当たり二五三円、四級地の京都市や千葉市などは二四一円、その他の沖縄県石垣市などでは二二五円となります（二〇一六年度現在、一割負担の場合）。

二つ目は介護保険の設置主体は費用削減をしたい、事業所は少しでも収入を増やしてほしい、その相反する利害関係の折衷案として各種加算（つまりある資格を持った職員がいれば、または研修を定期的に行っているなどの実態があれば、通常の介護報酬にプラスされる仕組み）が制度に組み入れられ、非常に細かく分化したことです。これがまた複雑怪奇なルールになっていて、利用者はもちろんケアマネジャーもすべては把握しきれないような仕組みになっています。

〈介護保険は専門職にしか理解できない？〉

そんな複雑な制度で、素人にはわからないでしょうから、ケアプランはケアマネジャーに依頼して作成してもらう、という流れが当然視されています。認定結果が要支援1、2の場合は地域包括支援センターへ（利用者の住所地ごとに管轄が決まっている）、要介護1～5ならばいずれかの居宅介護支援事業所（こちらは利用者の自由選択）に居宅介護サービス計画書の依頼をします。居宅介護支援事業者は結構数が多いので、これらから利用者自身で選んでくださいと居宅介護支援事業所（ケアマネジャーが常駐し、ケアプランを作成する事務所）の名簿を渡されるのですが、何を基準に選ぶのか利用者は途方にくれます。だから、かかりつけのクリニック併設の居宅支援事業所やどこかで看板をみかけた居宅支援事業所にとりあえず、依頼をするパターンが多いことでしょう。

そして、担当になったケアマネジャーから介護保険の制度・利用のルールなどの説明を受けます。介護保険は利用者の自己選択による契約制度になるので、自分に必要なサービスを選んで利用する仕組みです。介護保険適用サービスは居宅サービス（一二種類）、施設サービス（三種類）、地域密着型サービス（八種類）と大きく三つに分類されていて、その中にも福祉系・医療系・通所系・入所系とさまざまな区分があります。よく知られているのは居宅サービスに含まれるホームヘルプとデイサービスと福祉用具でしょうが、それら以外のサービスはよく知られているとは言い難いです。

また施設サービスは三つの類型しかありませんが、入居されている方でもその施設にどんな特徴があるのか知らないまま利用されていることもあります。三つの施設にはそれぞれ特徴があり、一番違うのは医療提供体制です。たとえば、特別養護老人ホームは「生活の場」「終の住処」とよく言われますが、言い換えれば医療のサービスはほぼ受けられないということです。その特徴は、①夜間には看護師は不在、②平成二七年四月からは原則要介護３以上の方しか申し込みができなくなった、③医師は嘱託で週に何回かの巡回診察のみ、④リハビリスタッフの配置の義務付けがないので、リハビリテーションは提供されない、⑤介護スタッフも無資格者（非専門職）でも勤務可能（もちろん資格保持者も一定数います）というところです。

介護老人保健施設はリハビリをした後、在宅復帰するための施設として作られましたが、その思惑通りに自宅復帰できる利用者はほんの一握りで、特別養護老人ホームで受け入れが難しい医療依存度の高い方の受け入れ施設のようになっている側面もあります。

〈介護保険の複雑さ〉

利用者は、介護保険のサービスの種類、専門用語、ルールについて何の予備知識もないのが普通です。パンフレットの細かい字を最後まで読み通す気力もないし、家族や知り合いから断片的に聞いた情報が唯一の知識だったりします。介護の専門学校でも介護保険制度については六時間も学生に教えるというのに、ケアマネジャーはとても忙しいので、必要最低限のことしか教えてくれないことが多いのです。

デイサービスとデイケアの違い、ヘルパーの業務範囲、料金の支払い方法など、本来はすべて説明しないといけないところを、十分に説明してくれないこともあります。いろいろ尋ねたいと思うのに時間を気にした落ち着かない様子で、場合によっては面談中も携帯電話が鳴りっぱなしという常識のないケアマネジャーもいます。結局料金のことや、制度のことがよくわからないまま「次回はヘルパーの責任者と（あるいはデイサービスの責任者）と一緒にきます。契約ができたらサービスが使えますからね」とだけ言って帰ってしまう。そんな「即席ケアマネジメント」のパターンになっていないでしょうか。

話の内容が理解できなかった利用者は、この最初の段階から、なんだか不安な気持ちになり、ケアマネジャーが何をする人なのかさっぱりわからないと言います。さらにケアマネジャーには、なんとなくものが言いにくいと感じたり、（一か月に一度の訪問しかないので）必要な情報を説明してくれないので不信感につながったり。それならばと実際のサービスを提供してくれる介護職員にいろいろ聞いてみますが、皆口を揃えて「わからないことはケアマネジャーに尋ねてください」と返事をします。ケアマネジャーしか質問に答えられないというのに、ケアマネジャーに電話をすると「会議中です」「今外出中です」と話ができないことが多いのです。利用者はますます不信感を募らせます。

たとえそんな状態であっても介護サービスには特に問題なく、直接苦情を表明しないのなら「問題なくサービスが利用できている」となります。なんだかおかしな制度ですね。

〈ケアマネジャーの役割〉

そもそもなぜ介護保険利用の際にケアマネジャーが必要なのか、ケアプランは何のために必要なのでしょう。介護保険が日本より先にスタートしたドイツにも、日本の制度を参考にして介護保険制度を作った韓国にもケアマネジャーは制度上必要とされていません。

ケアマネジャーの役割および業務は、①利用者の相談に応じ、ケアプランを作成する、②利用者の思いを聞き取って、適正なサービスへとつなげる、③サービス事業者との調整・連絡など、④利用者の心身の状況を把握し、家族との連携を密にする、⑤給付管理、⑥利用者への様々な説明責任を果たすこと、⑦サービス実施後のモニタリングと、ケアカンファレンスを定期的に行う、⑧苦情対応、⑨介護保険の更新の手続き代行、などです。いわば介護の総監督の立場にあって、事業所のスタッフの力量を見極めたり、家族に必要な協力を仰いだりと業務は多岐にわたります。各種研修・会議も多く、いつも連絡がとれないと言われがちになることも致し方ない状況ではあります。

介護保険上、ケアマネジャーの配置が義務付けられているのはおそらく、①不必要な介護サービスをプランに入れないように管理する、②給付管理が適正に行われるように、という意味合いが強いように思われます。①に関しては市町村からのケアプランチェック（適正化事業）という形で非常に細かく個々のケアプランを精査される機会があり、ここで不必要なサービスを組んだ不適正なプランだと指摘されると減算（請求金額などに不適正があった場合、徴収後であっても利用者・保険者に差額を返金すること）の指示が出されます。②については、ケアマネジャーが介護サービスを一元的に管理するので、給付にも責任をもたされるのです。また、事業者によっては請求業務がいい加減で、ミスが多かったりすることもあり、それでは国民健康保険団体連合会（介護保険の請求業務などを行う法人）も困るので、まず第一段階としてケアマネジャーがしっかりチェックをするようにという意味もあります。

このように、介護保険の建前（「利用者本位」「自立支援」）と本音（介護予防に各自努力し、重度者のみは保険でカバーする）が乖離している側面もあるので、私たちもその本音をよく読み取った上で、かしこく利用していきたいものです。

〈利用者と専門職の温度差〉

ほとんどの高齢者は自分が介護保険を使う『利用者』になることを想定していないので、介護保険についてては何も知らないのが普通です。介護保険は社会保険の一つで介護保険料と税金で運営されている公的事業です。財源が限られているので、皆で慎重にこの制度を利用して支えていくのが前提です。介護保険料を払ってるのだから使わないとソン、サービスを使ってもたったの一割だからやってもらえばいい。そんなふうに考えて必要性のないサービスまで利用すると、たちまち医療保険の制度と同様、財政破綻に見舞われるおそれもなきにしもあらずです。今後は高齢者の数は増える一方で減ることはありません。六五〜七〇歳までの高齢者では要介護認定を受けているのはたったの三％ですが、八〇〜八五歳の高齢者になると約三〇％の方が要介護認定を受けておられます（二〇一六年現在）。

また、大きな問題点として、要介護者には様々なサービスや支援はありますが、家族介護者には何の支援もないということがあります。それはいままでの福祉サービスと全く同じで当事者は福祉サービスの利用者、ほとんどの家族は健常者ですから、いくら困っても相談には応じてくれますが、家族が使える制度は介護休暇程度なのです。

つまり、これらの介護保険の制度も自分で調べていると、いろんなルートから情報収集もできますが、制度に不慣れな家族は窓口をたらい回しにされたり、それは介護保険では対応できません、目の前が真っ暗になることになります。主治医とのやりとり、ケアマネジャーとのやりとりにもちょっとしたコツを知らないばかりにとても損をしたり、当時者なのにカヤの外に置かれてしまったりということが起こります。

末期がんを例にあげてお話しします。一般の方は末期がんは大病だからきちんと病院で看護・治療が受けられるだろうと思われるかもしれません。しかし、今の仕組みでは末期がん患者は積極的な治療ができない患者であると捉えられると、場合によっては病院から退院を迫られる（他の医療機関や介護施設へ移ることを打診される）こともあるのです。

※介護保険利用時におさえたいツボ！

①要介護認定調査時は、家族同席で。利用者一人では緊張してうまく伝えられないことが多く、現状が伝わらないと認定結果が正確に出ない。

②「主治医の意見書」が認定結果を左右するので、主治医とは密接にコンタクトをとり、今の病状や新たな症状を詳しく説明しておく。

③ケアマネジャーは選べます！　遠慮なく、ケアマネジャーの力量を試し、ケアマネジャーの元職の希望などを伝えましょう（例えば医療系がよいとか、福祉系がよいなど）。

④介護サービスはすすめられても拒否できます。支払っているのは、一～二割でも、行政負担分の八～九割は介護保険の経費がかかっています。

⑤苦情をうやむやにしたくない場合は、きちんと記録をとっておきましょう。特に対応したスタッフの名前はフルネームで聞いておく習慣を。

2　ケアマネジャーって何者?

ケアマネジャーになれるのは医師、歯科医師、看護師、保健師、助産師、社会福祉士、精神保健福祉士、介護福祉士、理学療法士、作業療法士、言語聴覚士、機能訓練師、義肢装具士、歯科衛生士、あんま摩マッサージ指圧師、はり師、きゅう師、柔道整復師、栄養士などの国家資格を持つ者です。その専門資格の業務を五年以上行ってきた人に受験資格が与えられ、都道府県の試験に合格し、その後八七時間のケアマネジャー研修を受けてやっと業務につくことができます。言い換えればそのケアマネジャーがどんな元職を経験したかによって、仕事のやり方やものの見方が違うということです。

その働く場は大きく分けて三つに分かれます。

①介護保険施設などで、施設内の利用者のケアプラン作成に従事する。（施設ケアマネジャー）

②地域包括支援センターや居宅介護支援事業所で在宅サービスを受けておられる方へのケアプラン作成を行う。（居宅ケアマネジャー）

③もう一つは認定調査を主に行うケアマネジャーです。それ以外に相談員業務などしている方もいます。今後はもっと活躍の場は広がる可能性もあります。

施設ケアマネジャーは利用者がすべて自施設にいるため、訪問の約束をとる手間と訪問にかかる時間が不要です。なおかつ、施設での介護は基本業務としてある程度、決まっているので、施設ケアプランの幅は狭いです。だから施設のケアマネジャー一人の担当人数は居宅の三倍程度、百人の利用者を担当してよいとされています。

一方、在宅の方の居宅サービス計画書は一人ひとり全く違います。利用者の状況も、入退院を繰り返す方、サービス事業者をたびたび変更される方、一人暮らしで連絡のとりにくい方と多様です。利用者からはケアプランを作る対価を徴収されることは今はありませんが、ケアマネジャーには一件約一万円（要介護3～5の方は一万三千円、各種加算を除く）の報酬が入り、ケアマネジャーへの給料の原資となります。なので、担当可能な三五人（要介護1～5の方、要支援の委託を除く）を毎月担当しているならば、三五万円ほどの収入が、居宅介護支援事業所に入ることになります。利用者が減る＝収入が減ることになり、ケアマネジャーも営業に出なさいと管理者から言われることもあります。利用者が減るというのは利用者に施設入所、入院、死亡、事業所の変更などがあるからです。

サービス利用者には介護保険は契約制度なので、どの事業所でも何かあれば契約を打ち切り、別の事業所に変更ができること、ケアマネジャーも交代してもらえるなどの情報を伝えるべきなのですが、最低限知っておくべき情報も知らずに、サービスを利用していることが多かったりします。本来はケアマネジャーが利用者のサービス導入後の変化などを、きちんとモニタリング（サービスの実施状況や利用者の満足度の把握など）をするのですが、この力量には大きな個人差があります。つまりケアマネジャーによっては小さな変化や不満に気づいて原因を探り、事業者からも情報を得て、家族からも聞き取りをしてよりよいケアプランへと修正を行ってくれることもあります。当然そうでない場合もあるということです。よろしくないケアマネジャーの典型的な例は、利用者の不満や苦情を事業者へ伝えないことです。これはもちろんケアマネジャーの怠慢ですが、介護のサービス事業者が自分の雇用主と一体化している場合（このような経営形態を併設型という）の居宅介護支援事業所に起こりえるのです。

居宅介護支援事業所（ケアプラン作成などを行う事業所）は併設型と単独型の設置形態がありますが、そのうち九〇％以上は併設型です。併設型というのは、デイや訪問介護、施設に併設されて（同じ法人や同じ会社などに所属）いるもので、その経営母体施設の利益についても考慮しなければならなくて、どうしてもケアマネジャー個人の中立性・独立性を保つのが難しくなります。

利用者からヘルパーの交代や中止、またはデイサービスの利用日の変更や回数を減らして欲しいと言われたとしても、自分の経営母体の利益が減ることが明白である場合は、それを伝えず「もうしばらく様子をみてもらえませんか」などと解決の介入を図ってくれないこともあると聞きます。

ケアマネジャーの対応や力量の差で、利用者の生活の質が決まってしまうといっても過言ではないのに、このような状態がレアケースではありません。国としてはケアマネジャーの質の向上を目指して、五年ごとに大層な更新研修を義務付けたり、上級資格である主任ケアマネジャーの制度などを作ったりしています。二〇一六年度からは主任ケアマネジャーにも更新研修が義務付けられました。けれども居宅介護支援事業所に複数のケアマネジャーが所属していても、単独で実務（ケアプラン作成やモニタリングなど）を行うことがほとんどなので、自分のスキルを上げたり、仕事の成果を客観的に見つめたりすることが非常に難しいのも質向上を妨げる問題の一つです。

ケアマネジメントで重要な点の一つは、適正なサービスを組み合わせるということです。介護度の高い方はいろんなサービスを組み合わせて、なおかつ限度額の範囲内に収めるということがニーズにあがることもあります。福祉用具の車椅子ひとつにしても、業者によってレンタル料金は違うのです。限度額いっぱい使う人ばかりではありませんが、たくさんサービスを使う人は一番効果的に保険が使えるように工夫します。ケアマネジャーは、その後の業者との契約の設定や連絡もすべて行って、利用者がスムーズにサービスの利用ができるように段取りを組みます。苦情やトラブルが生じた時には間に入って調整役もします。

まとめると、①介護保険の制度を熟知し、担当地域の事業所の特色も把握している、②地域のインフォーマルサービスも把握している、③困った時にすぐに動いてくれる事業所をたくさん知っている、④利用者の話を最後まで聞いてくれる、⑤元職（ナースや介護職など）の専門性を蓄積し、今の業務に生かしている、これらがよいケアマネジャーの条件ということになります。

また、施設介護と在宅介護にはそれぞれメリット、デメリットがあります。選ぶのは利用者、家族ですが、ケアマネジャーはその違いをきちんと説明してくれましたか？　もしあなたが在宅介護を選択し、介護サービスを受ける場合は「よい」ケアマネジャーを知っているかどうかが、シニアライフの鍵となります。アメリカではよい弁護士と医師を知っているかどうかで、人生の質が変わると言われるそうですが、日本のセカンドライフではよいケアマネジャーと事業者を知っていることが老後、勝ち組になれるかどうかを左右します。実際には、よい仕事ができているケアマネジャー（利用者の立場に立ってものごとを考えたり感じたりできる）に巡り合うのは「ラクダが針の穴を通ること」のように困難だということも、体験談として見聞きします。

介護保険は契約制度なので、利用者は各種のサービスの中から自分が使いたいものを、契約して利用するのが本来のあり方です。しかし、ケアマネジャーが利用者のサービスの選択に少なからず干渉してくる（自分の所属する事業者をすすめるなど）現状では、措置から契約へというせっかくの制度変更が形骸化しているといわざるをえないのではないでしょうか。

ケアマネジャーの悪口を先に書いてしまいましたが、実は私も居宅のケアマネジャーの経験者です。同僚や知り合いのケアマネジャーの大半は真面目に一生懸命、利用者のことを考えて仕事をしていました。利用者への思いと自分の良心と会社や法人からの様々なプレッシャーの板挟みになり、葛藤しながら仕事を続けています。

どんな専門職もそうですが、個人の資質によって力量に差が生じます。福祉職に社会からの目が厳しいのは、近年急成長した分野であること、職業としての専門性が未確立で、研修体制も整っていないことなどが原因かもしれません。

次に、ケアマネジャーの中でも特に優れた仕事をされている方をご紹介します。

広島県西区で井口台介護ステーションの管理者をされているケアマネマイスターの岸川映子さんです。御調モデル（みつぎ総合病院の山口医師が医療と介護の連携強化を実践し、地域包括ケアの原型となった）発祥の地である広島県では二〇一二年から特に優れたケアマネジャーを選び、ケアマネジャーのロールモデルとして、さまざまな活躍の場を提供されています。直接お会いしてお話しを伺い、大変感銘を受けましたのでじっくりお読みください。

3　利用者との真の信頼関係とケアマネジャーの誇り
——岸川映子さんインタビュー

広島県ケアマネマイスター・主任ケアマネジャー・薬剤師である岸川映子さん。独立型の居宅介護支援事業所の経営者として、利用者に寄り添うケアマネジャーとして、たゆまぬ努力をされている様子を伺いました。

〈広島の福祉と医療の連携について〉

広島県には二三市町あります。海水浴ができるような南部の宮島から、北部の北広島ではスキー場があるくらいです。ですから、気候も行政も介護のサービス事業所も各エリアで特色がありますが、私が仕事をしている広島市西区では医療との連携が取れています。カンファレンスも診察に重ならない時間であれば、参加すると言ってくださる医師も多いです。医師会全体がケアマネジャーに歩み寄ろうとする姿勢があります。カンファレンスを主催するケアマネジャーだけの思いでケアマネジメントをすすめてしまうと、偏ったものになってしまいます。だからヘルパーをはじめ他の職種の意見を聞く必要があります。

私が依頼を受けるケースの中には、ＡＬＳ（筋萎縮性側索硬化症）などの重度の方もおられ、主治医からきちんと話しを聞いておかないとケアマネジャーとして関わる上で不安を覚えます。体調の変化をしっかりとアセスメントをして、把握する必要があります。医療依存度の高い利用者は医師や看護師との連携は欠かせません。また一見お元気そうに見えても、内部にどんな症状を抱えておられるかはわからないので、ショートステイの依頼も気軽にはできないです。サービスを依頼する前に、丁寧に情報を聞き取ることが大事で、直接関わったナースなどからの情報がとても貴重です。

ケアプラン原案を作った段階でしっかりと福祉用具の適合などの確認をしておく必要もあります。体調によっては、デイ送迎時にナースがそばについていたほうがいいのでは、などの疑問点もカンファレンスで話し合っておきます。

西区の医師会はホームページ上にケアマネ相談時間というのを公開してくれています。各医師の名前の横に対応可能な時間帯、都合の良い連絡手段などが一覧になっていて、一目でわかるのです。ケアマネは必要があったとしても医師や医療機関に連絡するのに躊躇しますよね。忙しい時間ではないかとか、質問の仕方が適切なのかなど、だから医師会の方が配慮をして、この時間なら大丈夫と教えてくれています。

また、西区医師会のホームページには安心ネットがあります。医療や福祉の事業所の場所を記したマップを作成しています。そして、インターネット上に医師と福祉サービススタッフとが情報共有できる「連携ノート」を作っています。医療依存度が高くて連携が大切な利用者や、体調の変化が激しい利用者などに対して、そのシステム上に書き込みができる仕組みで（パスワード設定などでスタッフの限定はしていますが）、医師も担当ヘルパーでも連携ノート上では対等な立場で、情報のやりとりができるようになっています。例えば、訪問介護のヘルパーが訪問時に「背中に傷ができている」とその写真を添付して入力すると、担当主治医から「わかりました」との返事がリアルタイムで返ってきます。病院の電子カルテがこのネット上にあるイメージですね。

病状の変化が大きい方をこうして情報共有してフォローしています。医師会から提案されて、作成のための予算がついたのでこのシステム構築ができました。今のところ医師会に登録した事業所が使えることになっています。とても便利です。例えば、利用者が入院の場合「今から脱水症状のため、入院要請。既往歴は○○で、□□の介護が必要」と連絡することも可能です。すでに関わりの長い利用者だと「認知症の症状があるので、カテーテルの抜去や夜間せん妄を起こすかもしれません」と連絡することも可能です。自宅以外の落ち着かない環境になると、混乱する可能性もあるとも伝えます。病院側も事前に配慮ができるし、看護師が対応できず家族に引き取ってもらうというような難しいケースであっても、病院側に丸投げされたという思いにつながらないですみます。

入院時加算、退院時加算が本来の意味で、活かせる連携体制がとれていて、病院も医師会も協力できています。

〈素晴らしい連携体制は、地域での在宅生活の安心感につながる〉

ここは恵まれていると思います。ただこの仕組みを他の市町にどれだけ広めていけるかが課題です。三次や庄原地域にはこんなやり方は通用しないでしょう。ケアマネマイスターになってから、山間部にも講師として研修会に呼ばれたりしますが、摂食嚥下リハビリの話などをすると、「ここには言語聴覚士はいませんよ」と返事をされる。だったらナースに嚥下リハビリを覚えてもらうなどの方法を考えますね。

地元、井口の地域特性を挙げると、「ゆうあいネットワーク」という町内会の住民グループがあり、一回五百円で地域限定、電球の取り替えや庭木の剪定などを行っています。リーダーになる方が中心になり、「プラチナ世代」の言葉通り活躍されています。

〈ケアマネジャーの仕事につくきっかけ、その面白さ〉

三世代同居の家族の中で、祖父母にやさしくしてもらった記憶があり、話しをするのも好きでした。いずれ高齢者に関わる仕事をしたいと思っていました。高齢者が好きで、在宅看取りに関わる仕事をしたいと思う気持ちが一番でした。最初のケアマネジャー試験にパスした大学の同級生から、問題集をもらって勉強しました。試験には合格しましたが、合格後の実務研修でまわりは皆介護現場に詳しい方で、私もケアプランは立てられても机上の空論になり、他の方に歯が立たなかったです。福祉分野では力不足かなと落ち込みました。が、資格試験への受験そのものは楽しかったので、あの分厚いテキストを仕事しながら学ぶのは大変だと思ったので、勉強しやすいノート型の副読本を書きました。広島県薬剤師会から、未就業の薬剤師のためのテキストとして出版されました。

その後やはりケアマネジャーをやってみたいと思い、居宅支援事業所へ就職したら、この仕事にはまったんです。高齢者は優しいし、感謝されるし、褒められて、楽しい仕事だなと思いました。

もう一つのきっかけは、父が肺がんで五九歳で亡くなったことです。介護保険が始まる前で治療の手立てもないのに、ずっと入院していたので、在宅で看取りをすることにしました。主には妹が介護しましたが、私も介護を手伝いました。その経験から在宅の看取りの望ましい形を、二〇年くらい考えていました。薬剤師の仕事の時には在宅の現場に出ることはなかったので、ケアマネジャーとして在宅の看取りに関わりたいと思う気持ちが強かったです。

ケアマネジャーの仕事にはまったというのは、いろんな専門職の仕事ぶりをみてかっこいいなと思ったのも一つです。女性であっても言うべきことはバシッと言って、プロ意識も仕事の能力も高い。本当にかっこいいなと思います。看取りのプロの看護師の方とご遺体のエンジェルケア（遺体の湯灌や死化粧など）を一緒にしたことがありますが、本当に慈愛にあふれた仕事ぶりで、素敵だなあと思いました。

自分はケアマネジャーなので実際の介護は何もできませんが、いろんな人をつないで、自分の人脈を使って、コーディネートができます。利用者はもちろん、各事業所のスタッフのアセスメントもして、一番ぴったりくる人をつないでコーディネートをする。ケアマネは黒子的な存在ですが、仕事ができる人の立場を考え、仕事をしやすいように采配するのは楽しいです。

私のケアマネジメントがうまくいっているとすれば、それは利用者や利用者の思いをきちんと代弁できているからです。相対的に要求の多い、サービスを厳しく選ぶ傾向の利用者家族は、親（利用者）に対して思いがとても強い家族さんだとわかります。ただ要求が多い家族様と捉えず、その根底にあるものが家族への強い愛情だということを把握できれば、サービス事業者にも伝えることができます。

〈利用者に共感し、その思いを伝える大切さ〉

そこがケアマネジャーの醍醐味だと思います。チームが形成されて、一生懸命かかわって、（ケース終結で）解散する。この介護のチームよかったね。また一緒にやろうねということになります。

相手の気持ちをくみとる力は、仕事上の失敗から学んだと言えます。利用者から「あんたは何もわかっとらん」と言われ、利用者の気持ちがわからない、私はなんて冷たい人間だろうと思ったのですが、それは相談援助の技術の問題でした。人の話を聞くことは技術ですと聞いて、それなら習得することができると思い、医療ソーシャルワーカーの第一人者である奥川幸子氏の講座などを聞きにいきました。対人援助技術が不十分な自分の状態がわかることがすごく大事で、できてないなら学ぼうかと思いました。

〈たえざる自己研鑽へのモチベーションの高さ〉

自己研鑽といえば、前の事業所での、ヘルパーとの会話を思い出します。あるヘルパーが「サービス中に、利用者から抱きつかれた」と言うのです。登録ヘルパーであれば「もう行きません」という選択もできるのに、そこを乗り越えないと自分の成長はないと思い、どう接したらその方にセクハラまがいの行為に結びつかないかを考え、声かけなどの工夫をしたようです。その利用者を拒否するのでなく、好ましくない行動を抑制するという方向に発想を切り替えていくことで、どんな利用者にも対応できる力をつけて、長く仕事を続けていました。自己研鑽ができる人は自分の力を高めて、より高いレベルにまで高めているのでしょう。すごいなと思いました。

ジレンマは人生、仕事オンリーでいいのか？　ということです。私も今は会社の一室に寝袋を持ち込んで仕事することもありますが、子育ての時期などを通過してこの段階に至っています。他の専門職も子供の受験や親の介護などがあり、仕事の時間が思うようにとれない悩みを抱えている人もあります。すべての人に百点満点の仕事を要求するのも無理で、その方の価値観に沿ってマイペースで仕事をしてもらえばいい。

利用者も病院か施設か在宅かを選んで、それぞれに満足できるように生活を整えます。それぞれの思いに沿ったケアマネジャーとして活躍できる体制があればいいですね。

〈開業に至るまでの苦労〉

事業所を立ち上げたい気持ちはずっとありましたが、迷いました。社長にも居宅事業所だけでは食べていけない、やめとったらと言われましたし。独立すること、事業の継続可能性にも迷いましたが、広島市の助成金を申請し、受理されたらやろうと思いました。

開業したのは平成一七年、四二歳の時でした。最初は自宅を事務所にするつもりでしたが、マンションで出入り口が一つしかないので認められず、物件を借りました。無謀な試みでしたが、そんな無謀さがないと独立できなかったでしょう。主任ケアマネジャー、認定ケアマネジャーにもなろうと夢を思い描き、実現してきました。本音のところではこわがりなので、なかなか思い切って起業することができませんでした。でも、まわりの知人からだめでもいいからやってみないとと言われて、助成金も得ることができました。

助成金が通った後、所属していた会社の社長に起業の報告をすると、「何件持っていく？」と聞かれました。利用者を新たな事業所でも担当者として引き継いでもいいよという意味です。経営者としては損失になることなのに、そこまで応援してもらってと感謝しました。担当していた二二人を引き継いで、自分の事業所で継続して担当することができました。大変ありがたかったですね。

当事業所は特定事業所加算もとっています。主任ケアマネとして、介護度が高い方のケアマネジメントの方面で、利用者のお役に立てていると思います。ご利用者からは満足していただけていると自負していますが、私だけでなく、こんなふうに満足度の高いケアマネジメントを、一人でも多くのケアマネジャーができるようにならなければならないと考えています。事業所にいるのは看護師、介護職出身のケアマネです。さらに、社会福祉士のケアマネを募集しているのですが、応募がありません。やむなく社会福祉士の方にオブザーバーとして相談にのってもらい、事例検討会もしています。担当ケースで虐待が疑われる事例に遭遇しても、見極めがつきにくいですし、対応に困ることもあります。社会福祉士としての視点でコメントをもらうと安心して関われます。

〈病院の医師への啓蒙の必要性〉

同じ医師でも病院の医師と在宅医との間に温度差がありますね。病院の医師は、臓器はみてくれますが、生活を含めて人間をまるごと診る在宅医療のことをご存じないようです。退院時に「この患者は在宅では無理ですよ」と医師に断定されてしまうと、家族も同調してしまい、在宅での介護は無理と諦めてしまう。病院の医師にも在宅での実際の看取りや施設での看取りのことを知ってほしい。家族はやはり医師の意見に左右されることが多いので、在宅介護のサポート体制について説明してほしい。病院か施設か家かを選ぶのは利用者ですが、どこで看取っても本人も家族も良かったなと思えるように、在宅での自然死も選択肢の一つと考えてほしいです。

病院でも在宅でも、家族・本人とも納得のいく看取りをしてほしいですね。

施設での看取りの思い出深い例をお話しします。重度のアルツハイマー型認知症の妻を90代の夫が在宅介護されていました。やがて夫が体調を崩し、介護が無理になり妻は特養に入居された。夫は要支援の認定でしたが、妻のいる特養に月に一回ショートに行かれていました。「ときどきしか会えないけど、織姫と彦星みたいで、ロマンチックね」と見守っていました。そのうち妻の状態が悪化して、食事がとれなくなったのですが、胃瘻などの処置も家族の判断でしないということにしました。だんだん衰弱されて、夫も子も特養に泊まり込んでそばに付き添い、職員はそんな家族の邪魔にならないようにほどよい距離で見守ってくれて、施設の中でも家族に囲まれた良い看取りができました。

〈介護保険でカバーできない部分について〉

障がいの制度面では、いろいろ思うところがあります。

要介護認定を受けておられて、障がい者認定も受けておられる方は障害者総合支援法のサービスを上のせで使えるかどうかは、市町によって内規があるようです。だから場合によっては、使えないと言われ、納得がいかないこともあります。

〈研修の意義〉

施設での看取りはスタッフの教育が鍵になります。広島にある特養で実際に聞いた話では、看取りのケアに取り組むのはいいが、それならば、きちんと自分たち介護職に教育をしてほしいとスタッフから声が出たそうです。別の施設の話では看取りケアの教育を受ける前は自分が夜勤の時に入居者がなくなると、ババ抜きのババをひいたように損をした気持ちになったが、研修後には入居者が夜中に亡くなった時は、自分の夜勤の時を選んで亡くなったのだと考えられるようになった、とも聞きました。意識が変わったのですね。

ケアマネマイスターとしての活動も、同じなんです。苦しいこともいやなこともさまざまありますが、苦しい中に楽しいこともやりがいもあるということを知ってほしい。続く後輩に後ろ姿を見せていくことが大切で、そうして後輩が育っていけばいいと思います。実際の事例からじかに学んでほしいです。

〈ケアマネジャーの更新研修〉

日本介護支援専門員協会も、都道府県で差がある研修の内容を平準化しようと考えているようです。今後は合格後の研修も八七時間に増え、実際の在宅利用者の訪問実習も三日間あります。より実践的なものにしていく予定です。ケアマネジャーって何をしているの？　と利用者から思われていることもあるので、こんなに多くの研修を受けて、きちんと勉強し、専門性を高め、プロとして仕事をしていきたいと思っていることを知ってほしいと思います。

主任ケアマネも更新制に変わります。国が主任ケアマネのうち、更新研修を受けることができる要件のガイドラインを出して、都道府県が個別に要件を決めるようです。例えば、年四回以上の決められた研修を受講、認定ケアマネジャーである、日本ケアマネジャー学会で発表をしている、研修の講師やファシリテーターをしているなど。マイスター制度のように県が見識のあるものと認めているなど、そのうちの五つを満たしていなければ更新研修が受けられず、主任ケアマネと名乗れなくなるようです。主任ケアマネジャーも質のバラツキが問題となっていて、一部には担当者会議さえ開けていないこともあるそうです。ただあまり厳密な運用をすれば、地域包括支援センターの人員基準にも影響があります。質の高さを追求して、誰もついてこれなくなっても困ります。質の向上と量の確保は、悩ましい課題です。そのためにも事業所では、研修で一人抜けても業務が回るような体制を作る必要があります。

〈ケアマネジャーのストレスマネジメント〉

仕事をする上で、メンタルの調整は大事です。ケアマネジャーの勉強会でも「ケアマネのメンタルヘルス」の項目を入れて、東京から講師をよんで話を聞きました。利用者はそもそも健康ではないので、いろんなことを言われますが、それをケアマネジャーがまともに受けてしまわないように、上手なかわし方を習います。また精神疾患の方の対応方法も必要です。精神疾患のある方も困った方と捉えず、どうかかわればいいのかがわかれば多くの問題は解決可能です。

ケアマネジャーの質の向上はずっと言われています。研修を受けて立派なケアマネジャーになりました。しかしケアマネジャーとして独立しても、生活していけないというのは困る。居宅介護支援事業所が経営的に成り立たないなら、何のためのケアマネかと思う。社会的地位の向上も大事で、ケアマネジャーって立派なすごい仕事、給料もいいよねと社会に思わせたいですね。

〈在宅ケアでの福祉の役割〉

現場では医療職とも対等に仕事ができるようになってきつつあります。ただ社会的には地位も給料も低い。憧れの職業にはなっていません。それに関しては職能団体が、地位向上やイメージアップの努力をするべきだと思いますが。

ケアマネジャーは立場上、まとめ役で利用者からの苦情を生の形で受けることは少ないです。が、ヘルパーなどは身近にいる分、ストレートに苦情を受けることもあります。心身ともに本調子であれば、うまく対応できますが、援助職も疲れている時には利用者の言葉に傷つくこともあります。

前にいた会社の社長はスタッフの話をずっとよく聞いていました。管理する能力も高く、それに加えて従業員の話を受け止めることもできていました。

〈ケアマネマイスター創設の経緯〉

県知事と、広島県の介護保険係の発案のようです。ケアマネジャーのキャリアアップとして、一般のケアマネジャー、主任ケアマネジャー、そのトップをケアマネマイスターとする。ロールモデルとしてのケアマネマイスターを、広島県が承認する仕組みです。認定委員の一人は御調モデルの創始者の山口昇先生です。御調モデルは病院と地域と行政を結ぶ地域包括ケアの原点です。高齢者が地域で暮らすためには医療の充実だけでも、福祉の充実だけでも無理です。両方の連携が必要で、その仕組みの構築のためには予算も必要なので、それを行政から持ってくる。

当初選ばれたケアマネマイスターは四人で、単独で業務をすることが多い中で仲間ができたことが嬉しくて、いまでも時々食事に行ったりする付き合いです。でも当初はマイスターに選ばれた荷の重さもあり、注目もされたので月に二～三回も講演会の依頼があったりで、体調をくずしたケアマネマイスターもいました。通常業務の合間にマイスターの仕事があり、多忙でしたが、おかげ様で人前に出て話すことにも慣れました。ハードルは高くてもいろいろとやっているうちにのり越えられました。県にはケアマネ相談室があり、ケアマネジャーの相談にのってくれる窓口があります。

〈最後に、ケアマネジャーの役割とは？〉

役割としてはサイエンス＝科学的な部分と気持ちのフォローの部分、両面あると思います。科学的な部分というのはアセスメントのところ、身体機能や健康状態、介護者の疲れはどうか、と見ていく部分ですね。気持ち＝ヒューマニティは感情を引き出すような話の聞き方と、こちらの人間性の部分も重要です。在宅介護の橋わたしの役割として、利用者に必要なもの、人、制度を持ってくる、利用者をとりまくチームを作るのがその役割でしょう。

例えば、在宅介護で重度の家族を見ている介護者には、私という存在があってよかったなあと思います。先日要介護5の夫、要介護5の認知症の妻を介護している方同士の会話に同席していたら、一方の方には担当ケアマネジャーがいないとのことで、ケアプランを受け持つことになりました。この方にとっては、知識も人脈もサービス事業者のコネも、制度の知識もある私という存在がいてよかったなあと思いました。力不足を感じることもありますが、介護に関しては力が発揮できる。それならば、私のように役立つケアマネジャーがもっとたくさんいれば、利用者が重度になっても、在宅介護ができる家族が増えるだろうと思います。

専門性の高いケアマネジメントもできて、しかも身近に本音で相談ができる。介護・医療の知識がなければ、利用者の病状などを見落とす可能性があります。だから正しくアセスメントができるように勉強は欠かせません。自分の課題を見つけて、それをクリアしていかなければという意識でやっています。ケアマネマイスターとしての責任は重いですが、この仕事の楽しさとやりがいを広く伝えられるようにと願っています。

4 マイケアプランを行政からバックアップ
――日下部雅喜さんインタビュー

介護保険制度が始まった当初から、自治体の窓口でよりよい制度運用をめざして取り組んでこられた日下部《くさかべ》さんに、現在の具体的な問題点や可能性についてお話しを伺いました。

〈介護保険開始から介護保険課の窓口業務を担当して思うことを、まず聞かせてください〉

介護保険がだんだん悪くなっているのを感じます。

特に二〇一五年度の改正で、介護保険の本質的な欠陥である部分が露呈してきた感があります。これまでの介護保険と今後の介護保険は本質的に違ってくると実感しました。

介護保険が始まる時から、厚生労働省のホームページには「利用者本位」などの理念が記載されていますが、今となってはほとんどが反故にされています。月に二〇万円の年金があっても介護保険当初は非課税で、それなら医療や介護にそこそこお金がかかっても生活できていたでしょう。今は年間一五〇万以上の年金があると、課税対象となり様々な減免措置がなく、医療費や介護費用が生活を圧迫します。軽度者は介護保険から外す方向ですが、年金水準が低いと自費のサービス費用などが払えず、せっかくの介護保険制度が公平に利用できなくなります。本来の介護保険とまったく違う形になっていく危惧を覚えます。

行政の一役人としてできることは限られていましたが、おかしいと思う点は異議を唱えてきました。なので、制度が変わるたびに大騒ぎでしたが、これからはひどい制度変更になるでしょう。やりきれない思いがあります。

〈制度変更で不利益をこうむる利用者〉

府営住宅には支援の必要な高齢者が多い。その方たちが在宅生活できているのは、在宅サービスのおかげです。今は大阪市N区で仕事していますが、独居の高齢者が67%、全国で一番多いです。

要介護4、5になると、しっかりと介護に責任が持てる家族がいなければ、在宅での生活は現実には無理です。だから要介護が軽い方が在宅利用者の大半を占めています。サービス付き高齢者住宅、有料老人ホーム、無届けのケアハウスなどで、介護度が軽い間は、生活をつなぐしかないでしょう。そこでは、「点」の在宅サービスでかろうじて生活が支えられています。

〈堺市の窓口でのマイケアプランの支援〉

一番多い時で四〇件くらい、自己作成の方がいました。給付管理は役所でやりました。利用者の大半は要支援の認定で、一種類だけのサービスの方がマイケアプランのほとんどでした。本人が自分で生活に責任を持てるかどうかをその見極めのポイントにして、自己作成が可能かどうかを判断していました。

利用者自身で、はじめから自己作成の方もいました。七〇代男性で、エクセルで利用票を作っておられた方。最初に、私が代行で作成した利用票をメールで添付しましたら、第2表まで本人が作られました。要介護2で、レンタルベッド、リハビリ型デイサービスのみの利用でした。彼はケアマネジャーを見て、何もたいしたことはしていない、と言うのです。「そのケアプランに（介護保険費用を）一万円も使うのは無駄と思う」という信念で続けていました。窓口からすると、給付管理のために処遇改善加算など入れるのも大変でしたが、行政側も制度変更の都度、変更点を精査して、勉強にはなりました。

もう一人は八〇代の男性の方、高台の坂の多い地域に住んでおられました。囲碁を打ちにコミュニティバスで老人センターに行く習慣があるのです。自己管理のできる方で六年間、要支援1を維持されていました。セニアカー（一人用電動車両）のレンタルのみで、他のサービスは利用していないので、自分は介護保険の世話になっていない、と言っておられました。マイケアプランも作るのは簡単です。利用票に1、と入れるだけですみます。

三人目は要支援の方、ヘルパーと福祉用具（家庭用の車いす）のサービスのみでした。第二号被保険者からサービスを利用し、第一号被保険者に変わられました。セニアカーで役所に来て、手書きの書類を受け取ります。役所の受付印を押すとサービス提供票とみなしてくれるのです。改めてパソコンで出力したものをこちらは訪問介護、これは福祉用具へと渡して、それを本人が郵送していました。

〈業務の中で学んだこと〉

自己作成を通じて、それぞれの利用者の生き方が学べたと思います。業務としては、自己作成の場合の受付の役所内部向けの手引きを作りました。マイケアプランは介護保険係内で誰が担当か、特に決まっていません。だから、実務処理の研修会も独自に行ったりしました。

堺市は七つの区役所があり、業務として面倒なのと、提出期日が一〇日と決まっていて月初に業務が忙しいなどの事情で、自己作成を認めたがらないところもあります。自己作成していた利用者を説得してやめさせた区役所もありました。

軽度者（要支援1、2と要介護1の方）の車いす貸与は主治医が（必要性を認めるとする）情報と担当者会議を開くことが必要条件ですよね。自己作成者向けには福祉用具の相談員と話しあったことを会議とみなし、さらに通院時に医師から車いす必要と言われたと書面に書いてもらいました。それで適切なマネジメントができていると認めていました。

〈大阪市の自己作成者〉

大阪市も自己作成は認めています。居宅介護事業所のケアマネジャーが、担当利用者が要支援になった場合、居宅介護事業所のケアマネジャーが無報酬で自己作成の援助をしていることもあります。その理由は、担当している利用者が要支援から、要介護認定になると、地域包括支援センターがもとの居宅事業所ではなく、違う事業所に紹介することがあるのです。馴染みの利用者を、よそにとられたくないからという意向なのです。

今の要支援利用者は将来の要介護利用者と考えて、かかわっていることもあります。いろんな意見はあるでしょうが、介護保険更新の手続きもしますし、利用者の意思も尊重してくれています。事業者とつかず離れずで、かえっていいやり方かなとも思います。独居の要支援で自己作成となると、行政職員からの訪問は無理なので、孤独死などのリスクがあります。訪問や電話をしてくれる福祉関係者がいることは大事なことです。

財源の面から見ると、自己作成は介護保険からの（居宅サービス計画書作成費用の）支払いが不要になるので、一人約一万円が節約できるわけです。

〈行政の責任として〉

行政の窓口職員にとっても、利用票の給付管理くらいは仕事としてやっておかないと、介護保険制度がわからなくなります。制度変更のたびに電卓で計算することをやっていると、ケアマネジャーとも対等に話ができるようになります。請求時にここがまちがっていると指摘もできます。ケアマネジャーが使うパソコンの計算ソフト自体まちがっていることもあるのですから。ケアマネジャーは業務として給付管理をやりますが、計算はソフト任せ（入力するのみ）だから、本当はわかってないこともあります。同じ会社の計算ソフトを導入している事業者の請求ミスを、そのおかげで見抜いたこともあるんですよ。自己作成の支援をまともにやっていない行政窓口は給付管理すらできていないです。役所にとっても、自己作成に関わることは介護保険の勉強の機会となります。

仕事として自慢できるのはケアマネジャー連絡会を、区役所が主催でやっていたことです。本来は行政主導でやるのですが、通常は地域包括支援センターの基幹型に任せきりになっています。ヘルパーの連絡会（訪問介護連絡会）も区が主催でやっていました。そうすると事業者やケアマネジャーと顔の見える関係ができ、地域のサービスのレベルがわかります。

〈自己作成は償還払いになる？ の誤解〉＊

とんでもないまちがいですね。償還払いにしないために役所で給付管理をしているのです。ある市では自己作成したいという方に、償還払いになるからだめだと断ってしまっている現状もあります。多くの市役所では利用票だけを本人が手書きででも作ればいいとなっているのです。何の根拠もなしに、そんなことを言う市役所もあります（＊五七～五八頁参照）。

僕はいつも、法令的にどうなのか、と考えて利用者本位で仕事をしてきました。介護保険については、職場や仕事で教えてもらったことはほとんどないです。個人の時間とカネを使って勉強したことを、むしろ仕事に還元していました。

〈融通のきかない、お役所対応〉

窓口職員には、利用者やケアマネジャーに（法律上）できないという時に、できないという根拠があるのかを本当に検討したのか？　と言いたいです。ある職員は、私でも掃除なんか一週間に一回しかしないから週に何回もの掃除は不要だとか、洗濯は家族が夜やればいいとか、無神経な放言をしていました。でも、サービスの種類や回数を選ぶのは利用者です。近くにコンビニがあり、サンドイッチを買うのが楽しみな利用者に、ヘルパーと一緒に行けば身体介護だから可能なのに、息子が帰宅してからついてきてもらえばいいと返答したりする。行政職員は高齢者の生活感覚やニーズを理解しようとしません。

多くのケアマネジャーはグレーゾーンのサービスを何も聞かずにやっていますが、返戻（給付管理のミスがあると、保険請求が差し戻され、事業所への支払いが遅れる）になると事業者に迷惑がかかるので、責任感のあるケアマネジャーは市町村に確認してきます。質問してダメと言われると、その地域では認められないサービスとして情報が広まってしまう。

具体例を挙げると、身体介護となる利用者との散歩を認めるために厳しい条件をつけている自治体もあります。訪問介護のヘルパーが、利用者の生活を実質的に支えている認識があるのかと疑うことも多かったです。慎重なケアマネジャーも「〇〇をヘルパー業務でしていいですか？」と訊ねてきますが、行政は何も考えずダメだという。その態度は許されないですね。テレビだけが楽しみの独居の利用者のテレビが壊れた時、「一緒に買物に行く場合、身体介護で請求可能ですか？」との質問に、ある市ではヘルパーだけで行けばいい（生活援助なら可）、テレビの購入は日常的な買物に該当せずダメといった窓口もあります。

また、ヘルパーの不適切行為に「日常的に行われる家事の範囲を超える行為」として「家具・電気器具の移動、修繕、模様替え」の禁止があります。これを拡大解釈して、冬場のこたつを移動させずに掃除をするヘルパーがいて、利用者から苦情が出てもそれはできなくて当然と解釈するのです。何の疑問もなく仕事をし、介護保険事務屋になっているような職員の態度です。別のケースで扇風機を出すのも不可と言われ、ケアマネジャーがヘルパーの代わりに出しに行ったとか、笑えない話もあります。

二〇〇八年、参議院厚生労働委員会で大阪府の「訪問介護サービス内容に関するQ&A」が取り上げられました。当時の舛添厚生労働大臣が「犬の散歩がまさに介護を受ける人にとって生きがいであって、それで精神の安定が保てて、例えば認知症の進行が止められるというようなことになったら（中略）結局要介護度が下がるわけです」と答弁し、場合によっては「犬の散歩」もヘルパー業務としてありうると言ったんです。だから僕らは厚生労働大臣が犬の散歩を認めたのに、大阪府は人間（利用者）との散歩を認めないのか？と訴えました。結果「訪問介護サービス内容に関するQ&A」が全面書き換えもされたし、内閣総理大臣名の「答弁書」で「散歩同行は現行制度でも可能」との見解も出ました。（『ここまでできるホームヘルプサービス』54頁）

〈忘れられないエピソード〉

あるケアマネジャーが、難病患者の四〇代の女性の相談に来ました（二〇〇八年以前のこと）。車いす利用で一人での外出は無理、発語もなくパソコンでどうにかコミュニケーションできます。せめて三〇分の散歩がヘルパーとできますか？という質問でした。M区でOKしても本庁がだめなら返戻になってしまうので、本庁に電話しました。利用者の自立支援に資するためと話したのに、ダメとの判断でした。ケアマネジャーは泣いてしまいました。しばらく後、その利用者は亡くなられました。

その後、散歩の是非を国会で日本共産党の議員から質問してもらい、一定の条件のもと提供可能との回答が出ました（前節参照）。その書類をケアマネジャーは、亡くなった利用者の仏前に供えると話してくれました。

〈福祉の仕事へのあつい思い〉

福祉系大学出身で市の福祉行政職の採用。社会福祉主事として、本庁の障害福祉課がキャリアのスタートでした。知的障がい者のケースワーカーの調整をする担当で、知的障がいという言葉もなく、まだ精神薄弱者と呼ばれていた時代です。大学の後輩は福祉現場で仕事をしていて、休みも関係なく年中バザーなどに奔走している。また、知的障がい者は作業所で一日内職のようなことをして数百円の報酬しかない。公務員は書類を何枚か作成するだけで高い報酬を得ている。そのギャップに、腹立たしい思いもありました。やっと今やりたかった本来の仕事ができるようになってよかったと思います。

〈定年退職後、ケアマネジャーとしてセカンドステージへ〉

新しい市町で仕事をやろうという思いで、大阪府でも一番矛盾の激しい場所を選びました。同じ建物内に診療所とデイケアと訪問看護と訪問介護と居宅の事業所があります。近くに認知症のデイと通常のデイもある。利用者は定期的に通院に来るので、月に何度か顔をみることもできますし、情報がタイムリーに共有できます。朝は居宅支援事業所だけで引き継ぎしますが、夕方は診療所内でミーティングをします。看護師も理学療法士も含めて情報共有でき、他職種と話すことで、利用者情報がよりよくわかります。複合事業所の、大きなメリットです。オーバーにいえば、地域包括ケアが事務所にいながらできている感じです。特定事業所集中減算には頭が痛いですが。

ケアマネジャーとして利用者に向き合うのは不思議な気分で、業務を新鮮に感じています。日本の福祉を担う一員になれてうれしい心境です。

〈今後の抱負〉

一つ目は早くケアマネジャーとして、一人前になりたいと思います。各事業所の本当の実情を知ってうまく使えるようになりたいと思います。二つ目、将来的には介護保険の制度に詳しいメリットを生かして、事業者と利用者を結ぶコーディネーター役ができればと思います。介護保険の細かい規制や縛りに苦労している事業者も多いです。

軽度者の福祉用具利用については市町によって、厳しいところもあると聞いています。ケアマネジャーにも事業者にも、書類作成の負担がかかります。本当に必要ない書類まで出している事業所もあるので、事務処理の効率化も含めて、実状にそったアドバイスをしたいです。

制度と制度の運用のあり方を知らないと損をするので、そのためのセミナーなどもやっていければと考えています。現場目線で役に立つ研修、自分にも役に立つ、マネジメントスキルが身に付くような研修、参加しやすい料金設定の真に役立つセミナーをやりたいですね。

〈介護保険以外で、あればよいサービスは〉

地域包括ケアに取り組むなら、住まいからきちんと整備しないといけないでしょう。厚生労働省の地域包括ケアのイメージ図を見ても、五つの要素のうち、住まいは自宅とサービス付き高齢者住宅がメインとなっていて、自前で何とかしてくださいという意味。それを推進するのであれば、サービス付き高齢者住宅に公的な支援を増やし、その代わり運営事業者の条件をきびしくするのがよいでしょう。

地域包括ケアを真剣に考えるなら、住居とサービスを結びつけられるようにやるべきです。今の国のやり方は軽度者切り捨てが目的ですね。地域包括ケアが本来めざすのは独居で重度になっても地域で、暮らせるようにということです。その発想が逆になっています。新総合事業（一部のサービス提供を専門職ではなく無資格者から提供させるなど、介護保険の大幅改正に対応した市町村の事業）で、この地域包括ケアが形骸化するなら、利用者に対する罪悪です。

定期巡回・随時対応型サービスもあまり普及していません。住まいをサービスに結び付ける施策をしないと、地域密着型サービスも行き詰まります。利用状況の簡単な調査をしてニーズがない、として利用の少ないサービスを切り捨てようとしています。

〈今後の介護保険をめぐる状況は〉

大阪ではボランティアはあまり活躍できていません。新総合事業のひとつである、住民主体B型（無償・有償のボランティアから提供される訪問事業）の事業は多くの自治体で位置付けられていないんです。ボランティアは物心両面に余裕がある時しか、現実はできないものでしょう。高齢者が高齢者を支える仕組みを、と言っていますが、ヘルパーの稼働状況ではすでにそうなっているのです。七〇代のヘルパーはざらにいて、介護サービスの支え手も高齢化しています。一人ひとりの市民が自宅に住めなくなったら（要介護状態で）どうするのかを、真剣に考慮していく必要があります。

※参考文献：『どうなる介護保険総合事業』日下部雅喜著、日本機関誌出版センター、二〇一六年。『ここまでできる！　ホームヘルプサービス』大阪社保協・よりよい介護をめざすケアマネジャーの会編、日本機関誌出版センター、二〇一一年。

5　ケアプランの自己作成を支援する

――NPO法人せかんど・保田明子さんにきく

地域に密着したNPO法人の保田明子さんに、ケアマネジャーとしてのやりがいと、自己作成の支援について、お話しを伺いました。

〈自己作成の支援とは〉

以前に、要支援の方は一人のケアマネジャーが八人までしか担当できないという枠があった時期（二〇一二年三月まで）がありました。そのような事情で、ケアマネジャーが変わるのを望まない方などに対して自己作成のお手伝いをする、という形での支援を行っています。言い換えれば、形式上の自己作成ですが、そのような形での支援は何件か継続しています。

その場合、ケアプランは事業所のケアマネジャーが立てて、「作成代行」になるので本人には（通常のセルフケアプランの）負担がかかることはありませんでした。ケアマネジャーからすると、ケアプラン料が発生しないので、相談に応じることも含めて、無報酬ということになるのですが。

利用票、利用票別表を作成して、利用者に渡して、一部は自宅で保管して、利用者が実績を記載。それを役所に月初に郵便で投函する形で、給付管理を行っています。市によって対応が異なります。

大きな問題は生じませんが、こうした代行支援の難点は「医師の意見書」を見ることができないことでしょうか。支援者として、詳しい病名などが確認できないのです。利用者にきいても細かいところはわからなかったりしますので。訪問したり、電話などで利用者の生活状況を確認することは、通常のケアマネジメントと同様にしています。

〈ケアプランの自己作成は、素人でもできますか〉

本来の自己作成をやってみたいと相談にみえた方もあります。方法を説明すると、それはちょっと難しいと利用者が言われて、通常のケアマネジャーを頼み、介護サービス利用を始めた方もありました。

セルフケアプランは可能なのですが、まったくの素人の方がやるのは難しいでしょう。介護保険制度の知識がないと、介護で使われる言葉の意味もわからないですから。事業所ではわかりきっている用語、サービスコード、身体介護、生活援助などの言葉を一般の方に理解してもらってからとなると、率直に言って、難しいと思います。本当に自己作成を勧めるならば、介護保険をかみくだいてわかりやすくする必要があります。実際は制度がだんだん複雑になってきているのですが。

事業所の単位数が変わるたびの、加算などの確認も大変です。(自己作成用の)フォーマットやソフトがあるでしょうが、要介護状態で自己作成を行うのは、厳しい。利用するサービスの希望が決まっていれば、できるかもしれませんが、サービスの種類ごとの事業所の特徴などを手探りで探すところからなら、かなり煩雑になります。地域包括支援センターの窓口で、自己作成のアドバイスをしてくれるなら、できるかもしれませんね。ある程度生活が自立していて、認知症があっても軽い方で、介護のサービス内容もシンプルな方なら可能でしょう。

〈地域の課題は？〉

ここはニュータウンが広がる地域ですので、転入者と地元の方が混在しています。課題の一つ目は、経済的な格差が大きいということ。二つ目は、介護に家族の協力が得られるかどうか？という点です。どこの地域も同じと思いますが。利用者が未婚の方だと、介護の協力を頼むきょうだいも高齢化しています。本人が遠方からの転居者だと、当然家族さんも遠方に住んでいるので、介護への協力を頼みにくいです。介護保険だけで在宅生活をカバーすることは無理ですから、何らかの家族の協力は必要ですね。府営住宅の低層階は、申し込めばバリアフリーの改修が可能なところもあります。しかし、公営住宅でエレベーターがないところもあります。エレベーターの設置にあたっては住民全体の承認印が必要で、一階部分は恩恵がないし、設置後に家賃が上がることにも抵抗があります。だからエレベーター設置も難しい。「買い物難民」の問題でも、利用者は、実際のものを見て買い物したいのが本音です。が、現実には訪問の時間内に一緒に行ける範囲には、スーパーがありません。ヘルパーの生活援助に利用者が依存していて、事業所の業務の負担感も大きくなったりします。

〈介護保険だけで、在宅生活は可能でしょうか？〉

施設入所すれば、在宅生活より費用がかかるのだから、在宅でそれだけ自費サービスを使ってもいいと言って、サービスを利用されている方もありました。五～六万の保険外の実費を使っておられた方もありました。介護度が高い利用者は、（障害者手帳が取得できれば）障害者福祉サービスを併用されている方もあります。

〈介護保険でできないことで、あればいいと思うサービスは？〉

通院や外出の際の手段が欲しいです。院内の付き添いは介護保険のヘルパーでは無理ですが、ニーズは多いです。有償でやってくれるところもありますが、利用者に経済的な負担になりますから。

自費サービスの料金設定は、介護保険の一〇割負担の料金と同額程度に設定しているところもあるので、毎回使うと相当な負担になりますよね。

〈在宅生活を支えるカギとなるもの〉

介護度が高くなると、家族の意向で施設へ、となりがちです。利用者本人も一人だと不安の訴えが多くなります。夜になったら不安が高じるので、不要な救急車要請が増えたりもします。夜中、目が覚めたら不安になって、その不安が症状をよぶ。そして救急隊員が来てくれたら、ひとまず安心して、病院に行くほどではないというような方もいます。夜間の安心感のために夜間対応型のサービスを活用する方法もありますが……。

定期巡回・夜間対応の事業所は経営も大変ですが（稼働できるスタッフの確保など）、独居の場合は鍵の管理の問題があります。原則としては、事業者は鍵を預かることができませんが、ずっと鍵を開

け っ放しにもできません。キーボックスなどを取り付ける理解が得られないこともあります。

〈ケアマネジャーとしての願いとやりがい〉

ターミナルの方のケアプランを担当することが多いです。ターミナルなので、当然いつどうなるかわかりません。なので、依頼があった時に、すぐいろいろなサービスも人も動かないといけないのです。そんな時、協力してもらえる事業所がいることがありがたいですね。ターミナルの方です、というだけで、すべて呑み込んでわかりました、ときちんと対応してくれます。実際、数日のかかわりでお亡くなりになることもあるのです。ターミナルとわかっていれば、介護認定では要介護2以上を出してほしいです。医師から終末期ですと言われていても、本人の体が動ける間に病院は退院をすすめるものです。自宅でゆっくり過ごしてほしい、と考えての退院になります。すると認定結果は要支援になることが多いです。しかし、帰宅して数日で、状態悪化で動けなくなってしまいます。担当した利用者で自宅療養中、三回も変更申請した方もありました。最後の認定結果は、残念ながら間に合わなかったです。

お風呂の希望があり、訪問入浴で一回だけでも入れた時は「最後に風呂に入れてもらえた!」と喜ばれる。迅速に動いてくれる事業者がいることがありがたい、と思いました。

末期の利用者には、今しかないのです。でも、そんな時期でも家族には遠慮があります。その思いを汲み取って、事業所に伝えるのが使命です。在宅での自然死を希望する方も多い。訪問診療を受けてくれるクリニックも多いです。緩和ケアの麻薬系の薬(モルヒネ)を扱う医師もある。緩和ケアの病棟もある。その点、この地域は恵まれていると感じています。

第2章
マイケアプランをつくった人たち

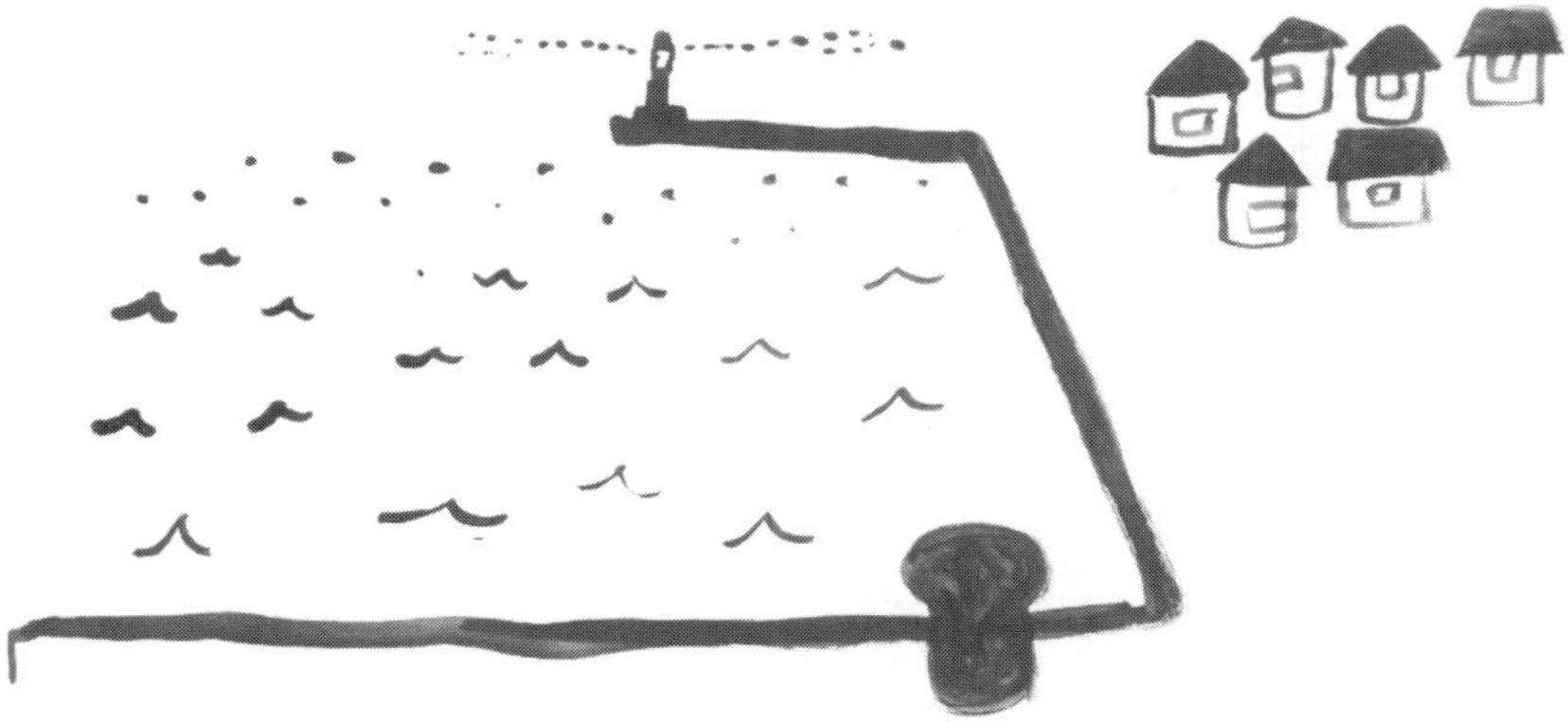

マイケアプラン＝ケアプランの自己作成の流れ

介護保険上のサービスを利用したい時にはケアプランをケアマネジャーに作成してもらうのが、一般的な方法です。しかし、ほとんどのケアマネジャーはどこかの事業所に紐づいていることが多いので、ヘルパーにきてもらって、入浴介助を受けたいと利用者が言ったとしてもデイサービス事業所に併設のケアマネジャーであれば、デイサービスの方が便利ですよ、と強引にすすめてくることもあります。本人の希望しないサービスをすすめるのであれば、そもそも断ればよいのだし、ケアマネジャーだって選択できるのだから、その方を断ればよい、交代してもらえればよいと、介護保険の利用などまだまだ先、若くて健康な方は思うにちがいありません。

しかし、利用者は日々の生活になんらかの支援が必要な状態に置かれています。病気で気持ちがふさいだり、心身に障碍を急に抱えて混乱状態でいたりすると、健康な時にはなんでもない自分の意思を周りに伝えることや、目の前の親切そうな専門職に「いやです」ということが大変困難になるのです。ましてや認知症であったり、言語障害があったり、寝たきりであったりするとさらに意思表示が難しくなります。要介護度が軽い方でも初めて福祉サービスを利用するとなると、勝手がわからず、質問もできず、自分の意見を主張しにくい場合が多いのです。

つまり、これから先ずっとどこかの介護事業者やボランティアに世話にならなければならないという心理的な負い目がどんな利用者にも少なからずあり、何事も遠慮がちになります。結果的に自分の思いに沿わないケアプランができあがったとしても、不満や注文が言えないまま「サービス担当者会議で話しあいましたし、家族様も了承です」となってしまう。誰にどう言っていいのかわからず、もやもやとした気分でサービス事業者と付き合う羽目になりかねません。

若い時代には壁にぶつかりながらも、誰しも自分らしい生き方を模索して懸命に生きてこられたことでしょう。それが年を重ねて、体が不自由になったり病気になったりすると、自分らしい生き方ができなくなるのは不条理なことと思いませんか？　最期まで「尊厳」「プライド」をもって、生き抜きたいと思いますし、介護保険法にもそのことは明記されています。シニア世代に突入して自分の今までの価値観、人生観を変更しようとしても、所詮は無理！　人生の締めくくりこそ、自分らしく生きたいですよね。

それならいっそ自分でケアプランを組み立てればいいのだと思いませんか。あまり知られていませんが、実際に介護保険ではセルフケアプラン——ケアプランをケアマネジャーに依頼せず、自分自身もしくは家族、友人で作成すること——は認められていて、一部の自治体にはそのやり方のマニュアルが置いてあり、きちんとフォローしてくれるところもあります（大阪府堺市、東京都多摩市など）。

インターネットの一部のホームページにはセルフケアプランに変更すると利用料が償還払い（一旦全額を支払い、後で自己負担分以外を返金する仕組み）になると書いてありますが、それは間違いで、手書きのサービス利用票であっても事前に提出すれば他の方と同様、一～二割の利用料のみを払う形のサービス利用は可能です。

とは言っても一人で何もかもやるのは、大変です。そんな時のためにマイケアプラン実践者のために参考になる『ケアプランを自分でたてるということ』という本もあります。

また、定期的にマイケアプランについてのワークショップなどを開催している、全国マイケアプラン・ネットワーク（代表：島村八重子氏）というNPO法人があります。メールなどでも問い合わせできます。関東近辺にお住まいならば、毎月第三日曜午後に東京都内で例会を開催していますので、のぞいてみてください。高齢者だけではなく、福祉関係者や専門職以外の方も自由に参加できます。関西ではマイケアプラン研究会（代表：小國英夫氏）があり、こちらは第三金曜日の午後に京都市内で例会を開催しています。活発に議論をしていますし、ニュースレターを毎月発行していますので、入会して自分の意見を投稿することもできます。上手に活用して、情報収集してください。

〈ケアプランと、ケアマネジメント〉

利用者の思いや希望を直接ケアを担当する介護職などにも理解してもらい、事業所のスタッフの共通認識にできるよう、書式にまとめたものがケアプランです。

本来、ケアプランは利用者の思いをケアマネジャーが代筆したものとも言えます。ケアマネジャーは利用者の気持ちを引き出して、どんな生活上の不便や不自由さがあるのか、今後の生活にどんな希望があるのか？　を聞き取っていきます（アセスメント）。家族がいた場合は家族の意向にも寄り添いながら、その不自由さをどんな社会資源を活用して解消するのか、知恵を絞り、活用できる介護保険サービスとそれ以外のインフォーマルサービスを組み合わせ、ケアプランを組み立てます。それを利用者と家族、サービス提供者に説明し、同意を得てからサービスなどの実施につなげものです。
その後はサービス実施の状況を把握し（モニタリング）、定期的にサービス担当者会議などで問題を話し合います。これらの一連の流れをケアマネジメントと言います。

〈セルフケアプラン（自己作成）の具体的な流れ〉

では、実際に自己作成に切り替えたい、または、はじめから自己作成でやってみようと思われる方に、具体的な手順をお伝えしていきます。

①まずはケアプランの自己作成をする旨を市町村に申し出る。

介護保険のサービス利用は一日～月末までの一か月単位の請求になり、国民健康保険団体連合会への書類は全国どこでも翌月一〇日までに、前月の利用実績などを届ける必要があります。なので、自己作成者もこの書類の締切をきちんと守ること、介護保険の各種ルールに従うこと、などを窓口職員に改めて伝えます。自己作成者は単純に「自己作成できるから、そうしたい」だけのことが多いのですが、窓口では何かケアマネジャーとトラブルがあって切り替えるのではないか、などと不審がられることもありますので、当たり前のことを双方で確認した方がよいのです。
※すでにケアマネジャーに担当してもらっていた場合は、「自己作成に切り替えます」と伝えて、契

約を解除します。

②利用票やサービスコードなどについて、疑問点やわからないことがあれば、直接市町村窓口に問い合わせる。

全国一律のサービス以外に市町村独自の上乗せサービスや横出しサービスがありますので、いろいろ問い合わせてください。他の相談機関としては地域包括支援センター、ボランティア情報は社会福祉協議会、サービスの種類や細かい利用方法などは事業所の責任者に訊ねることもできます。最近では認知症カフェや家族介護者の会などが活発に行われている地域もあるので、遠慮せず、困っていることを伝えて、情報を手に入れましょう。

③改めて、自分でできること、できないこと、生活上の希望を整理する。

例えば、「買い物に困っている」ということでも、ネットスーパーや宅配サービスが活用できるのか、ヘルパーの買い物代行（生活援助）がいいのか、ヘルパーと一緒にスーパーに行く買い物同行（身体介護）がいいのか、ご自分の状況によって、いくつかの選択肢があります。「できないこと」を介護保険のサービスだけでカバーするのか、地域で活用できるボランティアに依頼するのか、自費サービスでしか対応できないのか、よく検討します。介護保険では外出に対するサービスは選挙と通院、散歩のほかは認められていないので、余暇のため出かけたい時には、介護保険以外のサービスに依頼するしかないようです。また私的なサービスは使い勝手がいいのですが、「人」に依存する形なので、担当者の状況

（ボランティアの方も介護のため活動中止することもある）によって急に使えなくなることも想定されます。

④サービス事業所と契約する。

知っているサービス事業者があればいいですが、「よい事業者」を選びたいが、どうやって見分けるのか？　が難しいところです。ショートやデイなどの希望があれば、福祉・医療に関する制度や事業者の情報が網羅されているサイト〝ワムネット〟から事業所を検索し、ホームページを見ておおよその雰囲気をつかみ、実際に見学に行きましょう。訪問系のサービス希望であれば、「このようなサービスを使うので、こんなヘルパーがいい」、例えば「料理上手な人」「マナーがきちんとしている人」などのリクエストをすることも可能です。

※事業所はサービス開始前に「個別サービス計画書」を作成することが義務付けられているので、その内容・レベルを見て判断するのも一つの方法です。

⑤市役所に提出するサービス利用票などを作る。

サービスの単位数が限度額におさまっているか、一か月の負担額がどれくらいか知るためには別表が必要なのですが、この計算が少し厄介です。全国マイケアプラン・ネットワークの無料ソフト「とき」を使うか、手書きにして市役所に持参すると、担当者がパソコンで清書をしてくれて、別表も打ち出しをしてくれることが多いのでそれで確認してもよいでしょう。

流れはおよそこんな感じですので、思ったほど難しくはありません。他に必要なのは事業所への細かい連絡（薬の変更や体調面の配慮など）、サービスの休停止の連絡、苦情の申し出、身体・心理状況が変わった時の区分変更申請、介護保険証の有効期限の確認（期限が切れてしまうと全額自己負担になってしまうので）などで、これらはケアマネジャーがいればやってくれることなので、自分でやらなければならないのです。

介護保険制度に不備が多いとか、福祉の質が低いことが問題だといっても、老後は確実にやってきます。高齢になって使える制度の概要や福祉サービスのお得な使い方を知っていれば、いろんな形で役に立ちます。私が足を運んでマイケアプラン実践者に直接聞いた生の情報を、あなたの豊かな老後に生かしてほしいと思います。

次に、実際にマイケアプランで介護保険を利用した家族や当事者（いずれも仮名）の生の声をご紹介します。関東から関西までの七名の方に直接インタビューをした貴重な体験談です。

- 伊東　博さん　（東京）母の介護
- 倉橋広美さん　（東京）当事者
- 島田理子さん　（福島）母の介護
- 桜沢奈美子さん（奈良）当事者
- 岡前恵子さん　（京都）母の介護

・前田千津さん（群馬）母の介護
・沖ゆみ子さん（京都）義母の介護

介護を卒業した方五名、現在も介護継続の方二名。マイケアプランに切り替えた経緯にはそれぞれの理由がありますが、マイケアプランに切り替えてよかったという思いは共通しているようです。この人生の先達のやり方を参考にしてもらえば、セルフケアプランって、なんだかややこしい？　面倒だ……という先入観はなくなるにちがいありません。

※参考文献：『ケアプランを自分でたてるということ』全国マイケアプラン・ネットワーク編、橋本典之・島村八重子著、ＣＬＣ、二〇一〇年。『はじめて介護保険を使うときに読む本』島村八重子著、宝島社、二〇一五年。『京都発マイケアプランのすすめ』小國英夫監修、マイケアプラン研究会編著、ミネルヴァ書房、二〇〇四年。

マイケアプランとはセルフケアプランのこと。マイケアプラン研究会が、「利用者が自由に選び、自分の責任でつくるケアプラン」という意味で命名した言葉です。

1　母の暮らしに無理なく寄り添って、やがて介護のエキスパートに

伊東　博さん（東京）

伊東さんは、フリーランスでマーケティングの仕事をされていました。お母様に認知症の症状があらわれるようになってからも仕事を継続しながら、介護を始めたとのこと。二〇〇〇年四月から介護保険も利用され、はじめの三年間は通常のケアマネジャーに依頼したケアプランでの介護でした。その後、仕事を辞められたことを契機にセルフケアプランに切り替えられました。その経緯とお母様に対する思い、今続けておられる認知症カフェのことなど、自宅にてお聞きしました。

――お母様との暮らしの様子からお聞かせください。

母は一九一三年（大正二）生まれ、戦争未亡人で僕を育てるためにずっと仕事をしてきた人でした。母がアルツハイマー型認知症になってから、25年ほどそばに寄り添ったことになります。七五歳を過ぎたころから、いわゆる「ボケ」の症状が出てきたようですが、はじめは日常生活にも問題はなく、親戚からも「なんだかボケてきたようだね」と言われても「アハハハ」と笑っているような感じでした。それを病的なものと意識したのは、一九九六年くらいのころ、妄想を話したことがきっかけです。事実と

照らし合わせてありえないことをしゃべったので、「あ、きたな、病気としての認知症が」と思って、病院につれて行きました。医師も認知症という病気をあまり重大視していないような時代背景のころで、僕もそんなに大層なものと思わず付き合っていました。今から思うと、当時の母は要支援のような状態でした。しばらくはお互いに困るような状況もなかったですが、介護保険がスタートする少し前、二泊三日の出張から帰宅してみると、和室の畳の上に座りこんで、粗相をしてから一〇時間以上も過ぎているような状態でした。やがて転倒して大腿部頸部骨折や、身体機能の低下もあり、家の中でも車椅子が必要になりました。その後、総合病院で脳の検査などをしてもアルツハイマーという確定診断はできないというのに、服薬のことをすすめられた。薬は「いらない」と断りました。

二〇〇〇年四月に介護保険が始まり、認定結果は要介護4。当初はケアマネジャーを選ぶことさえ大変でした。母がそうなるまで、福祉のことには興味もなく、情報もなかったので、ケアマネジャーにこちらのニーズを伝え、どうしたらよいかをたずねました。完成したケアプランを見ると非常にステレオタイプのケアプラン。そのこと自体は構わないのですが、サービスを利用するにも、家族の生活時間が考慮されていません。デイサービスの送迎が迎えは一〇時で、帰りは一六時くらい、というがそんな時間に合わせて仕事の都合はつけられません。自分が仕事で家を出て、送迎が来るまでの間の時間帯を埋める手立てはありますか？　ときいてもケアマネジャーからは返答が返ってきません。当時は、相談場所の一つの、認知症の家族会「たけのこ」のことも知りませんでした。

しかし、プランニングは仕事でずっとやっていましたので、介護のケアプランの立案もたいしたことではありませんでした。自分で情報を集めてプランに落とし込み、ケアマネジャーに見せると「はい可能です」との返事がありました。ただ僕には単位数はわからないから、介護保険の枠内におさまるか確認しました。おおよそ保険の限度額の六〜七割になっていましたので、それでサービスの利用を始めました。

当然介護保険でカバーできないものも出てくるので、自費サービスの宿泊サービスやナイトケアを行っている事業所を探しました。そうする中で東京には数が少ない宅老所（家庭と同じしつらえで小規模なメリットを生かして通所介護などのサービスを行う）をみつけたり、僕の知らなかったサービス事業者ともつながりができました。仕事を辞めて半年後（二〇〇三年）から、ケアプランを自分で作成してみようかと思った。ケアマネジャーは三年間同じ担当で不満もなかったのですが、スキルのない人でした。介護保険以外の、他の制度のことは不案内でした。

区役所のパンフレットにも「セルフケアプランできます」と記載がありました。実際のやり方も教えてもらい、窓口にいったなら、「(セルフケアプランは) 初めてのケース」と言われました。ケアプランの書式が第1表〜第7表まであり、実際に始めてみると、内容も興味深く読めました。それを記入すれば、日頃の母の経過の記録もできるし、介護の目標も考えられました。短期目標と長期目標を記入していると、ケアマネジャーに担当してもらっていた時には目標について説明を受けた記憶もなかったなあと思ったりもしました。

——区役所にプランを提出したときの対応はいかがでしたか?

実際に書類を持参した時に、区役所の窓口はいい顔はしませんでした。それまでに僕が、家族会の活動などで顔が知られていたから、仕方ないなという感じでした。マイケアプラン（自己作成）に切り替えてから半年過ぎて、全国マイケアプラン・ネットワークにも入会しました。自己作成に切り替えてもケアプランの内容は変えていません。基本はデイサービスに通所し、空き時間はヘルパー（身体介護）を利用、適宜ショートステイも利用しました。

事業所から最初紹介してもらったヘルパーは認知症への理解が乏しい方でした。女性のヘルパーが自分の家で何か用事をしていると、本人は不穏になる。だからヘルパーは何もせず、そばに寄り添っていてくれたらいいのだといくら指示しても、いらぬ用事をして母を不安にさせてしまいます。本人の様子を見ていて、何か困っている、何かしたいような時に援助してくれたらいい、本人が寝たら一緒に寝ていたらいいと、伝えましたがわかってくれません。また母は花札が好きなので、一緒に相手をしてほしいと言ったら、それはできませんという。だから訪問を断りました。それなら自分でヘルパーを探そうと、ヘルパー二級を取得したばかりの友人の奥さん（母とも面識があった）に依頼しました。ケアマネジャーが個人的な依頼はだめです、と言っていたので、そのケアマネジャーの事業所で雇用してもらう形をとりました。

実際の書類の作成はマイケアプランのソフト「とき」を使わなくても、ワードの表作成などで対応できました、サービス利用票は区役所へ添付メールで送るだけでした。新しいサービスを追加する時には事業者にまず、そのサービスにはいくらの単位数が必要で、どんな介護を行ってくれるのかを見積もりという形で提出してもらいました。それをみると事業者の理念や担当者の思いも伺い知ることができたので、事業所選びにも役立ちました。あとはケアプランに単価や日数を入れると、介護保険専用のソフトがなくても十分対応できました。母が亡くなる一年前くらいに小規模多機能型に移りました。

そこでも自己作成でやろうと思いましたが、小規模多機能型生活介護を利用するとそこの所属のケアマネジャーがケアプランを担当するのが原則となります。自分でやると押し通すこともできたが、ケアマネジャーに任せました。某大手の事業所でしたが、こちらのニーズを的確に捉えて、それなりにきちんとしたケアプランができていました。


――お母様は息子さんがケアプランを作成しているということはわかっておられたのでしょうか?


本人にはゆっくり説明すれば理解したかもしれないが、そこまでの説明はしなかったので、理解はしていなかったと思う。母の介護のことを考える上で大きな存在だったのは、家族会でした。

家族会が情報源として有用ということではなく、会員それぞれの体験が貴重でした。参加して話を聞いていると、家族会のメンバーも認知症のことはわかっていない感じでした。保健師の指導に疑問も抱かずに従っていました。

当時は認知症の類型や若年認知症についての情報が少なかったので、家族が抱える問題が大きかったです。認知症の本人の症状はかなりしんどいものでしたが、「たけのこ」のよい点は、会には必ず本人が一緒に参加するということでした。もちろん僕も母を連れて行きましたし、他のメンバーはパートナー（連れ合い）を連れてきている。その場で身近に接することで、それぞれの個性が際立って見えた。認知症っておもしろいなと思えました。

頭で考えたり、本で読んだりしてもわからないことが、目の前の認知症の当事者から学ぶことができる。家族会の場では介護をしている家族は自らの介護体験について、こんな介護をしているのだと自慢気に得々と語るのですが、方向性が間違っていることもある。介護保険の使い方も指南してくれるが、勘違いが多かったりする。家族会に参加しているメンバーも自身も高齢者世代だから仕方のない面もあったのでしょう。介護者の考えも本当にさまざまだなあと考えさせられ、その中で愚痴をこぼしあうだけでは進歩がないと、活動の中で感じていました。

――マイケアプランを実践しての困りごとは?

何も不都合はなかったです。母はすでに認知症が進んでいた状態で、介護保険サービスの利用が始まったので、セルフケアプランについて説明はしませんでした。本人に自己決定を、と促しても無理な状態でした。介護について考える上での一番のポイントは母が一番居心地がよいように、母の暮らしが今まで通りに継続できるようにということです。二つ目は僕の生活もそれなりに継続できるようにと考えました。

ヘルパーを知人に変更してからは問題なく、訪問介護も利用できました。

――デイサービス通所に抵抗感を示す方が多いですが、お母様はいかがでしたか?

やはり、行きたがらなかったです。うちの場合はデイサービスの相談員の対応でうまくいきました。契約時に、その相談員はスーツ姿で来られました。「仕事着のジャージで伺うのは失礼ですから」という答え方からも、信頼できる方と思いました。そこはオープンしたばかりの認知症対応型デイサービスで、スタッフも福祉への熱いマインドをもったやる気のある方ばかりでした。当時は基本デイサービスと認知症対応型のデイサービスがあることも知らなかった。ケアマネジャーから説明があったのかどうかも覚えていません。

母はそういうところには行きたくない、家で本を読んでいるのがいいといいました。僕もそう思いました。すると相談員は「そのお気持ちはよくわかります。デイは皆で歌を歌ったり、レクリエーションをするところと思われるかもしれませんが、お母様が本を読みたいのであれば、静かなスペースで本を読んでもらったらいい。ずっと家にいるのもお母様にとってどうかなと思われますし、人間関係作りと思ってきてみてはどうですか」と言われ、利用しはじめました。

実際のデイサービス利用時に見学にも行きました。母の顔を見ると、家での表情とはずいぶんと違っています。母はもの静かな方なんですが、他の利用者と声をあげてはしゃいでいたり、同席している利用者に説教をしたりしている。僕が顔を出すと「これが息子なんです」と嬉しそうに紹介してくれる。こういうことがデイサービスの効果なのかと感心しました。デイで母の今まで知らない面の発見がありました。

母がアルツハイマーになってくれてよかったとしみじみと思いました。アルツハイマーになるといろんなことがそぎ落とされて、感情がシンプルになってくる。理性があり、精神がクリアな状態だと人との間に壁を作ったりしますが、それが消えてなくなってくる。感情がとてもシンプルになって、好き嫌いの感情がはっきり出てくる。いやなことに遭遇すると明らかにいやな表情になったので、母の気持ちがよくわかりました。理性的な精神状態だと、あんなに心が触れ合うことはできなかったかもしれない。

だから家族会のメンバーでも、利用している時にデイサービスやショートステイに見学に行こうと声をかけています。事業所によっては、見学を断られることもありましたが。ショート中に面会に行くと帰宅願望を助長すると思われているが、それは間違いです。「たけのこ」のメンバーで見学に行ったりすると、お互いに気心が知れてきて、認知症への理解がすすんできました。

――看取りの時期は、どんなご様子でしたか？

デイサービスには丸一〇年通いましたが、一〇時に迎えに来ても起きられず、要介護も5になって継続利用は限界になってきました。区営のデイサービスでしたが、送迎の時間の柔軟化を求めても、結局時間変更もしてくれませんでした。

亡くなる一年くらい前から、小規模多機能型生活介護の利用をしました。そこからは午後一時にデイの迎えがきて夕食、入浴、寝巻きへの着替えまですませて、夜八時くらいに自宅に送ってくれました。帰宅したらすぐベッドで寝られる状態です。その内に褥瘡もできてしまい、治ったかと思うとまた別のところにできて、もうそろそろかなあと思っていました。食べる量も減り、やせてきました。眠っている時間も多く、傾眠傾向になっていました。医師の説明でも一番に足にくる、二番目に眠ってくる、三番目に食が細ると聞いていたので、僕もあと二年くらいでお別れかなと思いました。

小規模多機能の利用になってから一年過ぎた二〇一一年夏に、四〇度の高熱が出ました。近くの初めての病院に入院しましたが、検査が多いばかりか、むくみがあるのに点滴もやめないような治療でした。見兼ねてこの処置をやめてくださいなど、要望を伝えたが聞き入れてもらえず、二週間後に家につれて帰りました。はじめから家で看取るつもりだったので、在宅療養診療所とも契約し、誕生日の九月一日から訪問予定でした。亡くなる前日までデイに通って、夕食も普通に食べてまた明日とスタッフに挨拶していました。ただ微熱があったので、その夜は二時間おきに検温をして、朝四時に様子を見た時には熱も下がってニコニコとよい表情でした。ですが六時に見に行くと、すでに息をしていませんでした。しあわせそうな顔でした。悲しいというより、静かな気持ちがありました。九八歳になる一〇日前のことで、病気がちな人だったので、そんなに長生きできるとは思いませんでした。

――納得できる介護のためには?

僕も眦を決して介護をしようと思っていたわけではありません。あくまでも普通に生きてきて、母に介護が必要になったので、なるべく母がいやがらないような介護をし、僕にも負担がかからないようにと思っただけ。協力者としては僕が外出する時に数時間みてもらった知人はいましたが、ほとんどは一緒にどこでもつれて行きました。

――伊東さんも体調を崩したり、介護で困ったということもなかったのですね。

自分の体調管理はきちんとできていたし、母も痛いとか苦しいという訴えはありませんでした。エピソードをいえば、九一歳の時に直腸がんが見つかったんです。血便が出たので、検査するとがんとの診断でした。最初の病院では開腹手術をすると言ったので、九一歳ですよ、と言ってストップをかけました。医療機関を五つ回って、すぐ手術をという意見や何もしなくていいという判断もありました。結局信頼できる医師のもとで、内視鏡での手術をし、再発はしませんでした。

良い医師に出会えるかは患者の問題意識にも係わります。医師の見分け方の一つに、患者の平均余命をたずねる方法があって、九一歳なら九一歳で、あと何年生きられるか?を質問します。患者や家族はその数年がどんな状態になれば、しあわせかを考えます。しかし、医師は患者の生活の質ではなく、病巣を除去することしか考えていません。

――あらためて介護の時期を振り返ってみて、どう思われますか?

母にはストレスのない生活を提供できたと思いますが、介護が長丁場になって家族にとってつらいこともありました。だから今の生活をなるべく変えないことを考えました。介護をしながら、それ以前と同じ生活を続けるのは無謀です。そこで介護者の生活をいかにシフトチェンジできるか、そこをきちんとマネジメントできれば、必ずしもマイケアプランでなくてもいい。

介護保険は万能ではないので、自費のサービスを利用することもありました。たとえば保険外の宿泊サービスは一万五千円～二万円です。介護を始めた当初は仕事をしていたので、仕事中心に考えざるをえません。仕事を続けるための出費と考えれば大きな負担ではないです。介護保険の枠内のサービスだけでは無理があります。

デイの七～九時間の利用でも帰宅は六時。夕方六時に帰宅できるサラリーマンはいないです。母にはデイサービスから帰宅後三時間のヘルパーサービスを利用した。担当ヘルパーに自宅の鍵は預けて訪問してもらった。介護事業所からは規則では家の鍵は預かれないと言われたが、それでは介護する家族の生活はどうなる？　と言いたくなります。どうしても無理と言われれば、制度に基づく事業なので、家族は納得するしかない。制度にないサービスを利用するならば、保険サービスの二〜三倍のお金がかかるかもしれませんが、仕事と介護の両立をするならば予算を立てて利用すればよいのです。

介護保険の事業者にニーズを伝え、それは制度内ではできないと言われれば、ではその隙間を埋めるようなサービスはあるのか、と逆にたずねる。ほとんどは知らないという返事でしたから、僕が調べました。それでどうにか新たな事業者を見つけて利用していると、その事業者からどこで見つかりましたか？　と聞いてくる。こちらから情報を伝えることで、情報の共有ができる。結果的に地域のネットワークができるのです。

最近の制度の特徴としては、各種の加算が非常に煩雑になっています。それは家族にとってはあまり影響のないことなので、いくつかの事業者に「このサービスを依頼したいのだが、トータルでいくらになるのですか？」とたずね、相見積もりをとったらいいのです。事業者によっては加算のことを知らない場合や、解釈の違いで答えが違うこともある。事業者もわからないことを、利用者が全部理解できるわけはない。日本人は何か始める時に十分理解し、準備しなければならないと考えがちですが、そんな必要はありません。制度よりも、本人のニーズが大事です。第1表〜第2表を利用してニーズを明確にし、そのニーズを満たす事業者が選択できればいいのです。

今後は仕事しながら介護をする四〇〜五〇代の方も増えるでしょう。そんな介護者は地域包括支援センターなどに相談に行く時間はない。また企業側は介護保険制度などについての背景知識が乏しい、一方福祉事業者は企業の人事労務体制については把握していない。その調整をそれぞれに丸投げして任せてしまうと、その間にある介護者は制度がフレキシブルに使えず、疲弊して在宅介護を諦めてしまう。介護休業をとるならば、実際の介護をするためではなく、優良なサービス事業者を選ぶ時間に使った方がよいでしょう。

——認知症カフェでは当事者が無理のない範囲で役割を持ち、ゆったりとした時間を楽しむのですね。

介護サービスを提供する場面では、行うべき「サービス」がないと困るわけですが、この認知症カフェでは何かをしなければならないということはありません。ただそこに来て、そこにいるだけでいい。家族は家の中では認知症の方にあれこれと手も口も出さざるをえないから、疲れる。だからこの場に来たら、家族とは離れて座ってくださいとお願いしています。家族以外の方、ボランティアや一般市民の方にもいらぬ手を出さないでくださいと伝えます。名前がわかるように名札はつけてもらっていますが、誰が認知症で誰がボランティアなのかは初対面だとわかりません。少し話しをするとわかりますが、だからといって認知症の方を特別扱いして「お茶をどうぞ、歌を歌いましょう」などと声掛けをする必要はないのです。必要な時に必要なだけの手を貸せばよいのです。何もしなくていいということを理解して、実践するのが難しいです。

——専門職にとっても、大事なポイントです。支援しないのがよい支援というのは。

よい支援を行うためにバリデーション（アメリカ発祥の認知症者とのコミュニケーション術）やユマ

ニチュード（フランス発祥の認知症ケアの手法）などの研修を介護職員対象にやっていますが、なかなか実践は難しいでしょう。

一般の方は何も手を出さないと、間が持たない気がするようです。待つのが苦手です。認知症は言いたいことがあってもうまく言えなくなっていく病気。家にいると家族介護者も余裕がなくて、本人が何か言おうと思っても「ちょっと待って」と遮ってしまう。そして本人を不安な思いにさせてしまう。だから、せめてこのカフェに来ている間は本人が言いたいことを言える気持ちになるまで、待ってほしい、話し始めたらゆっくりと相槌をうって聞いてほしい。話すことの内容がわからないかもしれないが、その内にわかってくることもあります。

このカフェでは何かをやらなければならないという、ノルマのようなものはないのです。ここでは本来の自発性が保証され、尊重されていて、お互いに何もしないことに意味があることを実感できる。何もしていないとお互いの気持ちの動きを感じることができます。

そして本人の表情や心の変化に気づくことができます。そこが大事、気付く感性が大事です。気付いた時にさりげなく支援します。そんな支援のあり方を、この場から一〇年、二〇年かけて作りあげていければいいと思っています。

M区では認知症カフェが八か所できました。それぞれの拠点で個性・性格の違うカフェになっています。各世話人の個性が出て、色合いが違ってきています。だから、自分の好みのカフェに定期的に通うのもよいし、八か所すべて順番に回ってもよい。今は僕も運営に関わっていますが、各拠点カフェが一～二年で自主独立してやっていけばよいと思っています。

――実際に介護している家族間では意見の相違などがあり、本人にどんな介護がいいのかよりも、声の大きい家族の意見が通ってしまいがちなこともありますね。

家族会でも別居している娘がたまさかの親孝行をして自慢げにしているとかの愚痴はよく聞きます。直接介護する者の思いを共有するのも家族会の役割の一つです。

ただ、家族会にはリーダーシップが必要なので、僕がリーダーシップを発揮して、活動してきましたが、家族会には限界があります。活動していると、なんだか偏狭なリーダーシップに陥ってしまいがちで、特に障がい者運動ではそのようなことが見受けられる。「介護自慢」になってしまったりもする。そんなこともあり、活動にもっと広がりを持たせようと思って、認知症カフェを始めました。誰でも参加してよいカフェという形です。ボランティアも近所の方も、特になんのつながりもなくても、誰でも受け入れる。今は認知症がない高齢者もここにきて、認知症の方を見る中で、自分の将来そうなるのかなと心の準備をするのにも役立ちます。参加する人の中でいろんな人材もそろってきました。

家族会はやはり、家族が中心になります。一般の方はボランティア扱いです。でも僕はボランティアが代表になってもいいのではと思います。あくまでも対等な立場を重視したいのです。そのために話をする医師からも、運営スタッフからも、本人からもお茶代の三百円をいただく。奉仕精神で何かしてあげようというなら、参加しなくてもいいと思います。三百円払って勉強するつもりで参加してほしい。そんな運営方法で、皆対等な気持ちで参加するというのは、だんだん理解されてきたようです。「ボランティア精神」はかえって鬱陶しい。自分のあり方、行いを客観的に見る必要があると思います。その中で地域作りを担える人材を育成したい。

僕は自分の暮らす地域で少しでも介護によい環境を作ろうとしています。まったくのローカルネットワークですが、そのことが大事と思います。介護を大きな問題意識の枠で捉えるのではなく、目の前の人をどうするかを考える。一般のボランティアの方が「私は阪神淡路大震災で意識が触発された」などと言ったりするのを聞くと、それまでは問題意識がなかったのか？　どうしていたのか？　と首をかしげたくなる。生活は継続しているので、活動も継続性をもってやるべきでしょう。地域の実情にあったまちづくりをやっていきたいが、井の中の蛙にならぬように全国マイケアプラン・ネットワークの活動も続けています。

――地域のつながりは復活するのか？

復活ではなく、リボーンになるでしょう。失われて何十年にもなる家族関係、地縁関係をもとに戻すのは無理がある。認知症カフェで話をしながら皆と考えていきたい。ご近所の認知症の方がパジャマ姿で歩いていれば、名前もわからなくても、さりげなく声をかける。そんなことが自然とできる小さい社会の中で、つながり合う関係を今後一〇～二〇年かけて作りたいです。

本来、認知症の方は家族がみるべきでしょう。家族が介護をするわけなので、支援者は本人と家族を別々にケアするのではなく、一つのまとまりとしてみていくことが大事です。以前からある町内会という形や、地理的なつながりでもなく、心のつながりという緩やかな形で考えたい。同じテイストを共有できる、ふわっとした社会ができればいい。これは交通の便のよい大都会だからできることです。

――認知症カフェへの行政の支援は今後も継続されるのでしょうか?

行政は各地に広げたい方向だが、運営側の担い手がいないです。今は都道府県からの直接の助成金となっているが、今後は市区町村からの拠出が求められので、その負担が自治体にとっては厳しいのが一つの問題点。運営上のもう一つの問題としては、医療と福祉の連携が目に見える形になっている、という条件があります。横のネットワークが希薄な行政側としては、そこに運営上のハードルの高さを見てしまう。

自分たちのやっているカフェを一つのモデルケースとして見ていますが、この形がどこでも可能という訳にはいかないです。他の地域では医師会の問題もあります。ここの認知症カフェにきてもらっている医師はみな個人的なつながりから、声をかけています。月に一度医師を囲む会をやって、患者や家族が気軽に相談してもらっている。「あなたいい医者ですね。ぜひきてください」とスカウトしています。医師会に所属していない医師も来られています。また医師に対してはこの場では「先生」と呼ばないことを、原則としています。基本的に対等な立場を大事にしたい。そんな取り組みの中で国立病院の中でも認知症カフェをやることへとつながりました。

一方、家族には医師の説明を聞いてきちんと質問できるように、患者リテラシーを高めるような勉強もしています。家族も医師や医療に対する感覚が変わってきます。患者からも、医師に対して要望を言っていいのだと思えるようになっています。そもそも医師ははじめから患者に向き合っておらず、彼らの意識を変えるには一〇年はかかるのではないでしょうか。

昔から評判が芳しからぬ病院が近くにありますが、今は医師の意識も変わって医療の質はよくなっています。そんな情報も市民一人ひとりに提供できるし、ケアマネジャーやヘルパーは自分にとって刺激になるので、認知症カフェに参加してくれている。

国の施策として地域ケア会議の開催なんてことを言っているのに、その中には介護する家族の参加を求められてはいません。専門職だけが集まって結論ありきの事例検討会などをやっています。主任ケアマネジャーである講師は教えてあげているという態度です。そんな会議に出ても介護職には、消化不良の思いが残る。カフェでは介護職員も本音で話ができる。福祉現場にはまだ措置制度のしっぽがくっついている印象です。カフェにはどんな人も歓迎なので、社会福祉を学ぶ学生や子育て中のお母さんなど幅広い年代の方が参加しています。

――伊東さんにとっては、介護をするのは当たり前という意識でしたか?

はい。介護が始まった時には仕事はしていましたが、フリーランスだったので、仕事の打ち合わせにも母を連れて行きました。先方に事情を説明すれば「いや困る」とはいわれなかった。母はオードリー・ヘップバーンのグラビアなどを見ていると、にこやかに座っていられました。トイレの時などは手伝いが必要でしたが。

「認知症の人と家族の会」にも入会し、家族交流会にも母を連れて行きました。他の方は家族だけで参加していて、本人を連れてきている介護者はありません。皆疲れた表情で「何かみんな、つらそうだね」と二人で話したことを覚えています。ある時認知症のシンポジウムに一緒に出かけると、「痴呆症の人と家族の会」という大きな看板が掲げてあり、それを母が見て「あれは(痴呆症)は私のこと?」

「どうもそうらしいね」と二人で顔を見合わせて笑ったこともあります。

なぜ介護するのか、と問われたらこういうことになります。僕は母から生まれている。その母にも父母がいて……、というたての流れがあり、また自分で築いてきた横のつながりがある。その関係性の中で生きていることからは逃れられません。介護は当然誰にでもめぐってくるもので、その介護といかに折り合っていくのかを考えたらよいでしょう。介護は押し付けられる義務ではなくて、自分のために有用なものです。じっくりと考えればそのことが理解できる。介護の社会化が叫ばれているが、お金ですべては解決できません。介護保険には限界があります。家族が介護をすることでわかることも多い。それが福祉は創造的なものでもあるということでしょう。

——伊東さん自身の老後はどう考えておられますか?

この自宅で死ぬでしょう。死ぬ瞬間は一人です。誰にも看取られないかもしれない。僕も母の死に目には会えなかったです。気がついたら亡くなっていました。僕は兄弟も係累もないですが、ここで死んでも数日で誰かが見つけてくれます。

がんで苦しむことがあっても、家をホスピスのようにして、緩和ケアも可能です。がんになる確率は五割だから、なったとしても、往診の体制はありますし、不安はないです。

2　要介護者のスティグマをはね返し、生きる力を取り戻した

倉橋広美さん（東京）

倉橋さんは五〇歳の若さで、脳梗塞に見舞われ、二〇〇〇年の介護保険の開始と同時に介護サービスを使いながら、在宅生活を続けておられました。ケアマネジャー主導のケアマネジメントに納得いかないものを感じて、自ら情報収集をして、マイケアプランを選択されました。その後は周囲も驚くほど、心身両面でお元気になり、発病から十六年たった今も要支援の状態を維持し、全国マイケアプラン・ネットワークのワークショップや研修に出かけられ、充実した毎日を送っています。思い通りにいかなかった入院生活のことを中心にお話しいただきました。

――脳梗塞を発症された当時の話を聞かせてくださいますか？

何の前触れもなく三月の連休の朝方に、急に自宅で倒れました。五〇歳でしたが、それまで私は健康診断を受けてもすべてAの判定でどこも悪いところはなかったのです。夫からもその年齢で「どこも悪くないのはおかしいのでは？」と言っていたくらいです。健康には自信があり、親にもらった体が丈夫でよかったと思っていました。その日、夫は休日出勤、大学生と高校生の子どもは部活で出かけていま

した。

家族の弁当を作ってみなが出かけた後、天気がよいので、洗濯物を干そうとして、二階のベランダを開けたところで倒れました。倒れる時には風船がしぼむような感じで、体の力が抜けていきました。そのまま座り込んで横になってしまい、これは大変なことになったと思いました。幸い意識はありましたので、救急車を呼びたいと思いました。その家には引っ越してまだ一年あまりで、近所付き合いもなく、大きな声を出すのもはばかられました。室内に入りたかったのですが、麻痺状態で体はまったく動きません。仕方がなく、片手が届いた網戸を動かし続けました（物音が誰かに気付かれるように）。

一番こわかったのは、このまま家族に気付かれないことだと思いました。意識がある間は網戸を動かし続けることしかできません。そうしているうち、二時間くらいだったと思いますが、誰かが帰宅して、階段を上がってきました。夫でした。玄関開けっ放しで姿が見えないので、おかしいなと思ったようです。私は倒れてるし、夫がすぐに「大丈夫か?」と抱き起してくれると思ったのに、「何してる?」と冷静に見下ろされていた。

朝は元気だったので、倒れているとは思わないのも当然ですね。だから私も、「すぐに救急車をよんでよ」と言いました。そこで夫は異変に気付いて、ようやく救急車がきました。

救急隊員に年齢や住所などをきかれました。自分ではきちんと答えたつもりです。近所の知人も騒ぎに気付いて家に来て「救急車に一緒に乗ってもいいですか?」と聞いていましたが、家族しかだめです、と断られました。意識があったので、全部聞こえていました。病院に着いてからまた名前や住所を問われ、何回も同じことを聞くのだなと思い、答えてからしばらくすると意識がなくなりました。一日程度意識はなかったようで、目をさますと、夫が心配そうに立っていました。

――発症直後の病院での様子はいかがでしたか？

意識がない間、当直医から家族は「今日が山場です」、と告げられたと後で聞きました。夫は意識が戻るかどうかずっと心配だったのでしょうね。その時点で尿路カテーテル挿管され、おむつにされていました。酸素マスクも装着し、動けない状態でしたが、尿意があったので、ナースを呼びました。トイレに行きたいというと、「おむつをしているから、そのままでしてください」と言われました。私はおむつをされたことに、大変な違和感がありました。

そこの病院には二週間入院し、退院にあたって、リハビリの意向を聞かれたので、脳梗塞ならその必要があるとは知っていたので、当然リハビリはするつもりでした。

Y県にある系列のリハビリ病院が今ならあいている、と病院から言われ、断りにくい感じがして、言われるまま転院しました。ストレッチャーに乗ったままで入院したので、病院の周囲の環境もわからなかったです。入院後に知ったのですが、そこは療養型の病院だったのです。当時、私はリハビリ病院にも回復型や療養型があるとも知りませんでした。雰囲気の悪い病院で、カーテンの仕切りもない八人部屋でした。今まで入院などしたこともないので、相部屋であれば患者同士と談笑したり……と思いましたが、状態が悪くて話し相手ができるような方はいません。おむつ交換の時も何の配慮もなく、情けない気持ちでした。天井を見ながら、ここで死ぬのかなと悲観的になりました。

また、自分がどこにいるのかわからない状況だったので、非常に不安な思いでした。土地勘がなく、ここから駅に行くならどう行くのですか？　と聞いて説明を受けても周りの景色を全然見ていないので、イメージがわきません。

自分でこの場から逃れられず、閉じ込められた心境でした。毎日つらくて泣いていました。夫は毎週見舞いに来ていましたが、愚痴をいうのはいやだったし、詳しい話はしませんでした。毎日つらくて泣いていると、看護師にいじめられました。看護助手の男性の中には、やくざっぽい職員がいたり、ブラジルからの出稼ぎの女性職員もいました。発症した時は五〇歳だったので、男性職員におむつ交換されるのは屈辱で、本当にいやな思いをしました。

さらにお風呂も耐え難かったです。私は機械浴でしたが、裸にされて車いすに乗せられ、廊下を移動する時は浴衣をかけてくれましたが、風呂場に着くと他の患者が並んでいるところを、浴衣をはがされて浴室に入る。見知らぬ人に自分の裸体がさらされる。施設側の都合からか、風呂場の中も脱衣室から丸見えでした。私はたまたま若くて、抵抗が大きかったのですが、いくつになってもいやなことはいやだと思いました。病院がほとんど動けない患者をどんな風に扱うかにショックを受けました。

食事もすごく、まずかったです。厨房のところに「ご意見ノート」が置いてあったので、毎日思ったことを記入に行きました。直接何か言おうと思っても、調理師や栄養士も姿が見えないのです。温泉が近いところで、「湯治」のイメージもあったのに、そんな雰囲気もまったくありませんでした。

なかでも一番驚いたのは、歯磨きです。どんな様子か想像できますか？　洗面所に連れていかれた後、いつも通りに歯ブラシに歯磨き粉をつけると、「なんてことをするの！」と怒られます。なぜ怒られるのかと当惑していると、歯磨き粉を歯に直接つけなさい、と命令された。歯ブラシに歯磨き粉をつけると垂れ落ちて、シンクが汚れるというのです。いやだと言いました。あまりにも非人間的だし、介護者の都合でそんなことまで指図されるのはおかしい。そこでは私は問題患者と思われていたようです。当たり前のことを言うだけで、毎日のように看護師などから怒られていました。病院側のいうことに従わないから、という理由です。私は納得できないことはしたくなかっただけなのですが。

――病院への不信感が大きかったのですね。

入院した当初に、デパス（抗不安薬）という薬を処方されました。訴えが強い＝不安が強い、と思われたようです。眠気やふらつきの副作用がある薬で、私には必要性がなかったと思うのですが。今でもなぜ処方されたのか、わかりません。昼間の対応もどうかなと思うことが多かったのですが、とりわけ怖いのは夜でした。

病院の夜は、雰囲気が一変します。夜勤の看護助手が、昼間は人目があってしないことを夜一人になるとやってしまうのです。そこで見聞きしたことは本当にこわかったです。一例を挙げると、同室の九〇代の患者の骨折について、耳に入った会話です。職員が「この足おかしいね、おむつ交換の時に折れたみたいね」と話していました。本人は感覚が鈍くて、痛みなどの訴えはなかったようです。その他人事のような言い方にも驚き、病院で介護されていて、骨折が起こるなんて驚きでした。

また、同室の患者が真夜中にナースコールをおしたことがありました。すると強面の男性の看護助手が訪室して、「今、誰がナースコールを押したんだ！」と威嚇するように言うのです。コールに体が当たって間違いで鳴ることも考えられます。誰も返事をしないでいると、この忙しい時になぜコールを押した？　と小一時間くらい怒鳴るのです。心から恐怖を感じました。見舞い客には夜も来てほしいと思いました。昨今ニュース報道されるような虐待事件が、施設などで起こりえることも、実体験としてわかりました。

結局、そこに四か月間入院しました。私には見舞客が多くて、そのことでも看護師から他の患者に迷惑だと嫌がられたようです。他の患者には見舞い人が来ないのですから。

――病院には表向きの顔と裏の顔があった、ということですね。

病院に慣れてきた頃、車いすで一階におりて行くと、すごく立派な病院のパンフレットが置いてありました。入院していて感じることとは全く違うことが書かれています。またそこに入院している間、退院する人はいなかったようです。リハビリ病院を標榜しているのに、目に見えて元気になる人はいなかったのが不思議でした。時々病院から逃げる患者はいたようです。その気持ちはよくわかります。

病院の中にいる人に、この病院をどう思うか「インタビュー」して回ったこともありました。自分のこの状況、理不尽さをどうしても受け入れられなかったのです。そんな私を見て、看護師は「まだ自身の病気を受け入れてない」と決めつけていました。

病院の外にいる夫には実際に起きたことを伝えてもわからないと思ったので、話せません。見舞いにきた看護師をしている友人に、事情を話すと「ここにいると回復できると思えない。この病院は倉橋さんには合っていない」と言われました。別の病院を探してあげる、と言ってくれた友人の言葉を、頼もしい思いで聞きました。

――リハビリの様子はいかがでしたか？

リハビリは毎日やってくれていました。理学療法士からニーズも聞かれましたが、それがリハビリ内容に反映されたことはなかったです。

病院の院長はリハビリ室が立派だということが自慢だったようです。確かに新しくて立派でしたが、リハビリスタッフは新卒の人ばかりでした。だからリハビリ室は明るい雰囲気でしたが、私がこうなりたいと訴えても、そこに到達させるリハビリのノウハウがなかったようです。ベテランスタッフはいて、カンファレンスも開いていましたが、患者へのフィードバックはないのです。

トイレに一人でいくこと、についても誰もやり方を教えてくれません。しびれをきらして、「おむつを外したいのです」と回診時の医師に訴えました。尿路カテーテルの外し方を教えてとお願いしました。医師か看護師しかとることはできない、との返事です。ようやく医師が看護師に抜去を頼んでおく、と言ってくれました。すると看護師は、いとも簡単にカテーテルを取ってくれました。車椅子生活でしたが、それ以降は自分でトイレに行く覚悟をしました。

看護師にもどうやって、患者に自力でトイレに行かせるかのノウハウがありません。仕方なく、自己流のやり方でトイレに行きました。あとで思えば危険なやり方でしたが、おむつが外れて気持ちはすっきりしました。ただ夜はどうする？　と言われ、夜も自分で行く、というと三回も起こされることになりました。懐中電灯を顔にまともに当てて、声をかけられるのですが。ある時どうしても起きられなくて、トイレに行けず、一度だけ失敗しました。朝、看護師に汚したことを、怒られました。それ以降は絶対失敗すまいと強く思いました。日々看護師との戦いでしたね。

――ゆっくり療養できる環境ではなかったのですね。

ある日の夜中にトイレに行くと、床が汚れていて、別の個室を使いました。その後夜勤の看護師がきて、あんたが汚したでしょう、と決めつけられました。看護師は私に謝罪させようとするのです。「始めから汚れていました」と説明しても、朝までずっと同じ文句をいっていうのです。たまりかねて、翌朝夫に電話をし、この濡れ衣には我慢できないと言ったんです。人権侵害と思いましたね。

病院には「相談室」がありました。当初どういう部署かわからず、一度看護師に訊きましたら、「あそこは経済的に困っているとか、病気についてどうしても相談したい時に行くところで、あなたのような人が行くところじゃない」と釘をさされていました。が、その時ばかりは我慢できなくて、相談室に直行しました。一通り話を聞いた女性の相談員は、私の話を半分本当、半分嘘と思っているように感じました。「看護師の名前がわかるなら、こちらから注意してもいいが、倉橋さんから何か言いたいですか?」と聞くのです。状況からして、二人だけで話すと水かけ論になります。だから相談員がいてくれる、この部屋によんでくださいと依頼しました。

ゆうべの看護師はすぐに足音をバタバタとさせて入ってきて、ドアを音高く閉めました。仁王立ちになって、「あんた何を言ってるの」看護師には私は一言も話さないのに、一方的に私に威圧的なことを言いました。私は事実を確認し、謝ってほしかっただけです。あまりにひどい態度でした。さらに「あなたが風邪でもひいたらいけないと思って、着替えを持って行ったのよ」と、明らかな嘘まで言ったのです。私は認知症でもないのに、そんな嘘を目の前で言われて傷つきました。

相談員もその態度をみて「よくわかりました」と言ってくれました。病院ではやはり看護師が、一番強い立場にいることが私にもわかりました。相談員も患者の言い分を一〇〇％真実だと思わないのは、致し方がないと思いました。結局、看護師からの謝罪はないままです。

一方、夫は病院に問い合わせの電話をし、偶然院長が受けたようです。院長から相談員に連絡があり、院長が直接「申し訳ない」と私に謝罪しました。院長も看護師に遠慮して、さらに言い訳をするのです。他にも質の悪い看護師がいるのだが、云々と。わかっているならなぜそれを黙認するのか、腹立たしく、患者の立場を考えて欲しいと思いました。病院は普通の社会と違う、と身にしみて感じた出来事です。

――そして、ようやく転院できたのですね

友人が見つけてくれた転院先は、一九九九年当時、リハビリでは日本一のK県立のリハビリ病院でした。夫に見に行ってもらいましたが、発症後三か月経過していたので、受け入れが難しいと言われました。病院も回復が難しい患者を入院させると、リハビリ実績が下がるので、受け入れをいやがるようです。まずは審査をすると言われたが、「そこがだめでも、この病院にいるのはいや、退院したい」と訴えました。我慢の限界でした。運良く一週間後に受け入れになり、良い病院か悪い病院かわかりませんでしたが、ダメモトで転院しました。

転院後、ドクターやリハビリのスタッフに、歩けますか？　と聞かれました。四点杖で装具をつけて、一〇メートル歩けてはいました。その様子を見て、それは歩いていることにならない（日常動作の歩行になっていない）と言われてしまいました。「歩けている」と思っていたので、ショックでした。

リハビリの目標は？　と聞かれて、以前のように「息子の弁当を作れるようになりたい」と答えました。では、そのためには歩くことから始めましょう、となりました。スタッフの意識は、前病院と大違いでした。たびたび勉強会に行き、テクニックを磨き、井の中の蛙にならないように努力されているのです。

看護師もまったく、前病院と違いました。トイレはどうですか？「行けます」と答えました。実際の動作をみてもらうと、看護師長がその動きは危険と、即答です。すぐに適切な方法を教えてくれました。そのアドバイスから片麻痺があっても、安全にトイレに行ける方法があることを初めて知りました。

その病院では退院する人はたくさんいて、あの人みたいに元気になろうと思いました。洗濯の方法も練習し、やろうと思えばやれることはあるのだと自信がつきました。移動時はまだ車いすでしたが、料理のリハビリもできました。

歩けるようになったのは一か月後です。その時点で発症から八か月もすぎていて、家のことが気になるので、退院を心待ちにしていました。外泊してうまくいけば退院、ということになりました。

――自宅へ戻られてからは、どんな様子でしたか？

外泊後に、ようやく退院が決定。車いすを使っていても、病院では一通りのことができたので、帰宅後、自分の身体状況についての思い違いを実感しました。病院では食事もきちんと出されて、見守りの目もあります。が、帰宅して自分の体力が落ちていること、思うように動けないことに愕然としました。弁当も二日はどうにか作りましたが、三日目からは作れません。無理がきかないと実感しました。

一番困ったのは私の食事です。昼と夕食とも、きちんと食事が用意できず、食べられません。家は駅からバスで一三分くらいで、周辺は坂道だらけでしたので、外に一人で出かけられのです。転倒しないようにと言われていたので、子どもがいたら飛び出してきて危ない、雨でも危険で外出できない。食事代わりにあり合わせのものばかりでは栄養が取れず、貧血がひどくなりました。

リハビリは継続したくて、近所の通所リハビリに通いました。でも満足できるようなリハビリではなく、がっかりしていました。

当時は介護保険開始前の措置の制度でした。保健師が訪ねて来て、私の状況を聞き取りましたが、家族がいるので使える公的サービスが何もないのです。配食サービスも探しましたが、当時は独居か六五歳以上が対象でした。家族がいて困っていないと思われたようです。どんどん体力が落ちて、元気がなくなってきました。すぐに介護保険が始まるからと思って、それを心待ちにしていました。制度開始以前に早めに申請し、要介護2が出ました。輸血が必要なくらい、ふらふらの状態でしたから、結構重い認定結果となりました。


――ケアマネジャー選定とその後のいきさつについてお聞かせください。

介護認定の時に主治医を選ぶ時に、県外の先生に頼むわけにはいかないし、地元の先生も思わしくなかったので困りました。保健師にリハビリ事業所を紹介してもらって、そこの病院の先生を主治医にしました。女医さんもいたし、訪問診療もやっていました。

市の窓口では介護保険を使うなら、ケアマネジャーを選んでくださいと言われ、介護保険の冊子や居宅事業所のリストを渡されました。公平性の視点から、行政側からはケアマネジャーの紹介はできないと言うのです。選ぶ基準がないので、どうするべきか困りました。

なので、主治医のいる居宅事業所のケアマネジャーを依頼しました。主治医がいる居宅事業所だと連携がとれそうだとも思いましたので。

ケアマネジャーから最初に「どんなサービスがいりますか？」と聞かれました。私にはそもそも介護サービスがどんなものかがわからないのに、その質問はおかしいですよね。私としては、困っていたのでどんなサービスでもよかったのですが、料理が好きだったので、料理にきて欲しいと思いつきました。

「ヘルパーに来てほしい、リハビリもしたい」と伝えました。主治医の事業所には訪問リハビリ事業所もありました。言った通りの週二回リハビリ、週三回ヘルパーというプランで利用開始しました。何気なく言ったものの五日間、他人が家に来ると、けっこうしんどかったです。また介護保険が始まったばかりで、人が足りなかったのか、毎日違うヘルパーが来て、くたびれてしまいました。訪問日にはヘルパーには依頼することを考えないといけない。一番困ったのは、ヘルパーに頼めること頼めないことを聞いていていなかったことです。本来ルールがあるはずなのに、説明もしないのは、ケアマネジャーとして手抜きだと思いませんか。

ケアマネジャーは「ヘルパーになんでも頼んだらいい」と言われたので、なんでも頼めると思っていたのです。いろいろ頼んだ後になって、事業所のサービス提供責任者から電話で、「(保険上認められない）〇〇を頼んだでしょう」。文句を言われました。私のためのヘルパーだから、私のできない家族のことまで頼めると解釈していたのです。ヘルパーも頼んだことはやってくれていました。そこで、ボタンの掛け違えに気が付きました。

ケアプランは毎月変更可能、ヘルパーも変更可能とは知っていました。でもそれを伝えるべき、ケアマネジャーが訪問してこないのです。電話をかけてきて、来月も一緒でいいですか？　ときくだけでした。ケアプランを担当してもらった三年間でケアマネジャーに直接会ったのは三回だけです。訪問介護のサービス提供責任者の役割も説明されず、どんな立場の人かわかるはずもなかったです。

ケアマネジャーから「（介護については）何でも言ってください」と言われたことを、（思っていることは）何でも隠さず言わなきゃいけないと受け取りました。それなのに家に来たら書類を見せて、ここにハンコを押してください、というだけで他の相談もできません。

最初の一回は別表なしのサービス利用票をもらいましたが、あとはまったく書類をもらえませんでした。書式を知らないので、それが「ケアプラン」だと思っていました。これはおかしいと思うのですが、何がおかしいかもわかりません。途中で訪問介護の時間などを少し変更しましたが、サービス利用票がないので予定が見えないのです。また家事援助（当時）で二時間ヘルパーがいる（当初は一二〇分の訪問が認められていた）と仕事を指示するのも負担でした。一方、訪問リハビリは三〇分で、散歩とマッサージだけで、専門職の行う内容かと疑問も感じました。

費用を確認したくて、ケアマネジャーに電話をしても、いつも不在です。ケアマネジャーは介護保険開始当初はかなり忙しく担当人数も多かったようですね。その事情はわからないので、仕事をさぼっているのかと思ったくらいです。ヘルパーの方が、身近な存在ではありました。

ところが、後片付けをしないヘルパーが担当になって、困ったことがありました。ヘルパーが帰った後、雑巾も放置したまま、電気も付け放し、水道が出たままなのです。できないから依頼しているのに、ヘルパーが片付けないのはおかしいですよね。ケアマネジャーに電話して、ヘルパー交代の依頼をしました。用事を頼みすぎて時間不足になるかと反省しましたが、他のヘルパーはできているので、その当人の問題です。ケアマネジャーは「はいわかりました」と返事しましたが、その電話の後も三か月同じヘルパーが来ていました。何も変わらないので、そのヘルパーにイライラし、意地悪になる気がして、私も自己嫌悪を感じました。

とうとう怒ってケアマネジャーに電話しました。その時やっと対応してくれたようで、サービス提供責任者から電話がかかってきました。事情を聞かれ、説明すると「何も知りませんでした」という。早くこちらに言ってくれれば、とも言われました。苦情でもなんでもまずケアマネジャーを通さなければいけないと思っていましたから、訪問介護の事業所に言えなかったのです。その出来事からもケアマネジャーに不信感を抱いてしまいました。

――ケアマネジャーとの関係に大きなズレが生じてきたのですね。

サービス開始から三年目に入って、デイサービスに行きませんか？　とケアマネジャーにすすめられました。居宅支援事業所と同じ法人が、新たに立ち上げたデイサービスです。九～一六時くらいの一日型です。デイに行くと何ができます？　と聞くと、昼食と入浴ができますと言われました。そこにはもともと困ってないのです。むしろ夕ご飯に困っていたのです。ケアマネジャーは三年間何も、私の状況を把握していないことがはっきりとわかりました。デイに行く時間があるなら、映画や美術館に行きたかったのです。友人も仕事で忙しいので、頼みにくかったのです。ボランティアに頼めると思いましたが、その頃は忙しくて考える余裕がなくて。ケアマネジャーは福祉の専門家なので、私が知らないいろんな情報を知っていると思いました。

だから「映画に行きたい」と思い切って言いました。すると「倉橋さんは映画には行けません」との返事です。嘘でしょう！ と思いました。

私は元気な時はボランティアを長くやっていました。ずっと社会福祉協議会のボランティアセンターで頼りにされて、活動を続けていました。ボランティアは私の性にあっていたのです。社会にはいろんな障がいの方がおられますが、その不自由さだけで何かができないということはないと思うのです。ボランティアの支援があれば、障がい者であっても、大抵のことができます。足が悪くでも車いすがあれば移動ができる。要は方法を知らないだけなのです。

だから片麻痺になったというだけで、映画に行けないとは思わなかった。そう断定されて、ものすごいショックだった。「映画にも行けない人」になったのかと思いました。これは間違いだと思いました。そもそも私のことを知ろうとしないケアマネジャーでした。この人を頼りにしていると、いろんなことを諦めさせられると思いました。何かしたいといっても「できません」といわれてしまう。視点が違い過ぎて、話が通じないのです。

このケアマネジャーはお断りしたかったのですが、当時はケアマネジャーを切ると介護保険が使えないと思っていました。国の制度だから、何か方法はないかと、介護保険のしおりをすみずみまで読みました。ケアプランは自分で作れます、と小さい字で記入されていました。そういう方法を初めて知って、ようやく光明が見えた思いでした。

――マイケアプランには、どんなふうに切り替えたのですか？

それ以来マイケアプラン（自己作成）のことが目につくようになってきました。それまではおそらく見落としていたのでしょうね。新聞の折り込みで全国マイケアプラン・ネットワークの活動をされている島村さんのことを知り、この人に聞きに行こうと思いました。

ある時フォーラムに、島村さんがくることを知りました。友人の付き添いでフォーラムが始まる早めの時間に会いに行きました。ノートを持っていろいろ質問しようと思ったら、まずは自治体に行って下さいと言われました。具体的な指示をしてくれると思っていたので、もの足りなく思いましたが。

ネックだったのは、ケアマネにどう伝えるかということです。もう結構です、と断る必要があります。どう伝えるかが難しく、気が重かったのですが、電話すると「そうですか、私はそういうこと（自己作成）を応援している人ですから」と調子がよい返事なのです。「介護保険課と話をするセッティングもする」と言ってくれました。本音ではケアマネジャーはこの間の事情を、介護保険係に伝えられたら困ると思ったのでしょう。「介護保険係の人は気難しい人なんです。担当者と調整して私もいきます」という。声をかけて調整しないと無理ですよ、と言うのでしたが……。

介護保険係では別室に案内してくれました。必要書類と、記入方法も係長が教えてくれました。別表の説明の時にケアマネジャーが「いつも渡していますよね」と横から口を挟まれました。否定するのも大人げないので、何も言いませんでしたが。市の担当者は「(自己作成を希望する)あなたみたいな人を待っていたんです。頑張ってください」と言われて、感激しました。

これはパンフレットをきちんと読んだからわかったことです。市役所は親切な対応でした。あとで聞くと私が行く前に自己作成をされた前例があり、市に準備ができていたようです。

マイケアプランでと決断したものの、本当に自分でできるかどうか、不安もありました。不明なことを質問にきてもいいですか、ときいたらいいとも言ってくれます。自己作成にしてから、自分の予定がきちんと把握できて、ストレスもなくなりました。

サービスを受ける時には、事業者との人間関係作りが大変だと身にしみました。たとえばヘルパーのAさんをBさんに変えたとして、どんなメリットがあるかわからないのです。変更してよくなるという保証はなく、変えて悪くなった場合は、悲劇だと思います。病院を転院した時も、たまたまよかっただけです。選択肢を示されても、いいか悪いかわからず、選ばされているのです。

自分でケアプランを作るなら、自己責任で諦めもつきます。だめだったとしても、自己選択なのだからと思い直して、人を恨まずに済みます。人からすすめられたサービスで、もし何か不満があれば、ケアマネジャーのせいではなくても、その人のせいにしてしまいがちです。世間ではそんなことがたくさんあるので、同じ轍をふみたくなかったです。

――本当の自立のために、マイケアプランは役に立ちましたか？

後に九州の実母が体調を崩したので、見舞いで帰省した時、ベッドを借りることになりました。その時も事情を説明すると、親切に業者が動いてくれて、スムーズにベッドのレンタルができました。里帰りも無理かなと諦めていましたが、見舞いにいくことができて母も喜んでくれました。こんなに元気になれたのも、マイケアプランに切り替えて、主体的に生きてきたおかげです。本当によかったです。

それ以来一三年間、自己作成でやっています。映画にもボランティアと一緒に行くことができていますす。片麻痺が残っている分、健康な時と同じペースでは行動ができませんが、元気に過ごせています。

少しづつ生活範囲を拡大させて、今は杖歩行でゆっくりではありますが、一人で外出もできます。要支援の状態をキープできているのも、一〇〇％健康でなくても、適宜介護を受ければ、自分の思う通りの生活ができるという確信があるからです。マイケアプランを、制度が変わっても継続してやっていきたいと考えています。

3　介護サービスと家族、職場のサポートで最善を尽くした二〇年の在宅介護

島田理子さん（福島）

島田さんは仕事と介護を両立させながら、およそ二〇年間お母様の介護を続けられました。介護保険スタート前から介護をされていたので、何も迷うことなくマイケアプランを選択されたとのことです。介護の様子をお話しいただきました。

――お母様の状況に変化があった当時のことから聞かせてください。

私は生活を共にしていなかったので、はっきりとはわかりません。でも、母と同居していた兄から、新しい電磁調理器が使えない、階段をわけもなく上り下りする、夜になると荷物をまとめて出ていこうとするなどの話を聞くようになりました。七〇歳になる少し前でした。電話で話したり様子を見に行ったりして、心理的なものかもしれないとは思いましたが、私は深刻さに気づいていなかったと思います。

母は六十の手習いで、そのころからいろいろと新しいことに挑戦しました。自分の母親や姉が介護されながら長く患うのを見ていたので、足腰が弱らないようにと、朝の散歩も毎日していました。ある

時、いつもの散歩から戻れなくなりました。母の杖に連絡先を書いた札をつけてあったのですが、それを見つけた人が電話をくれました。自分が道に迷ったとは思っていなかったようで、「どこに行っていたの！」と、母は、迎えにいった私に怒りました。

精神科にいくと、薬を出してくれました。そしていくつ目かの病院で、パーキンソン氏症候群の診断が出ました。薬ももらえましたが、状況は変わりませんでした。活動的で、何でも一人でテキパキとこなす人だったので、何が起こっているか理解できないまま私たちは、おろおろしたり、自分の仕事のペースが崩されることに苛々したりしていました。今では、その時の母の不安や混乱を思い遣ることができますが、その時は自分のことで一杯で、その余裕はありませんでした。同居していた兄の負担も大きかったと思います。

かなり早い時期から、母は言葉を話さなくなって自発的な行動もなくなりました。ソファーに座ってもらうとそのままじっとしているだけなんです。トイレの場所も、どうも分かっていないようなことがありました。用意した食事もそのままのことが多く、食事介助は早くからしました。トイレは、声をかけて同行することが増えました。

——お母様との同居生活と介護が始まった頃のご様子は？

夫の海外留学を機に、母の所に越しました。母は七一歳でした。二年後に夫が帰国して、それから、新しい土地での母を交えた三人の生活になりました。同居の初めころ、会員間の相互扶助をめざした「まごころサービス」（点数制による会員相互の助け合い事業）が他の地域で始まっていました。自分たちでもやろうということで、仲間を募ると一〇名ほどが集まりました。メンバーに母の世話をお願いしたり、私が他のメンバーのお母さんの食事介助をしたりしました。

その後の引越し先では、介護保険導入を前にしての福祉サービスがちょうど始まっていました。一人では歩けない、食事もできないという状態で、私の仕事もあって、入浴やヘルパーさんの訪問サービスをお願いしました。事前に予約を入れて、入浴は一回一二〇〇円、ヘルパーさんは一時間八五〇円ほどだったと思います。家を留守にしたい時は、病院でのショートステイのお世話になりました。ベッドや車椅子、エアーマット、移動用リフトの購入もしました。補助制度があって、半額ほどの負担ですんだと思います。その後、もう一度引越しをしていますが、そこで介護保険が始まりました。介護施設のショートステイにお世話になるようになりましたが、母は痛くても苦しくても自分から訴えることができないので、事故が心配でした。一回の利用は三泊ほどにして、できるだけ自分でみるようにしました。兄も協力してくれました。入院が必要な時もありましたが、そのころ、母の症状は病院としては軽すぎ、施設としては重すぎだったのでしょうか。病院でも施設でも、母に必要なベッドまわりの準備がなく、エアーマット、吸引機、車椅子、クッションなど、大量の荷物と一緒に、母は病院や施設との間を行き来しました。

母は、始めは口から食べられていました。食べやすいものを用意して、途中からは刻み食、それからミキサー食に変えていきました。食事に一時間以上かかるようになってからは、体重も落ちて、ショート先では肺炎も起こしました。最後の七年間ほどは経管栄養でした。口に食べ物を運んでもらう、経管栄養、そしてベッドでの生活を母がどう思っていたか、確かめる術もないままでしたが、私の思い込み

「よかれ・ねばならぬ」の介護だったのではと、今では思ったりします。母の気持ちや考えがわかったら、介護は違ったかたちになったかもしれませんね。

――マイケアプランは自然な流れで作成されたのでしょうか？

母の状態と私の仕事の都合などを考えながら、必要なサービスを提供してくれそうな事業所を探しました。市役所の窓口で事業所のリストをもらえましたし、口コミも利用しました。電話をすると、たいていはすぐ来てくれて、相談できました。母の症状や状況を伝えて何をお願いできるか確認して、予定を入れてもらいました。

介護保険が始まる時、新聞記事の最後の行に、ケアプランは自己作成もできますという一文がありました。それまでやっていたことを続けるだけですので、じゃあ自分でやろうということで、深く考えないで始めました。自己作成をしたいことを市役所で伝えると、すぐ書類一式を出してもらえました。書式は、個人の利用者向けでなくケアマネさん用に用意されたもののようでわかりにくく、初めは戸惑いました。でも、サービス「提供」をサービス「利用」と読み替えればいいことに気がつきました。始めのうちは電卓を使って手書きで票を埋めましたが、後で費用計算に便利なフリーソフトが手に入って、作業が楽になりました。事業所は以前のところにそのままお願いできました。新しいものは、自己作成OKのところにお願いしました。ケアマネは誰ですかと聞かれて、自己作成ですと言うと断られたことが一度あります。でも、それだけでした。ここにはクリニックや介護事業所が多く、たいていのところは親切に応じてくれました。保険がスタートしてからは、利用するサービスを予定票に落とし込む事務作業と、行政とのやりとりが加わりましたが、特に困ることはありませんでした。直接、すぐに担当者や施設の窓口と連絡がとれるので便利で、自己作成は二〇一〇年、母が亡くなるまで続けました。

――介護保険の利用の実際は?

制度が始まった時、母は要介護度5でした。保険は、ヘルパー、訪問看護、訪問リハビリ、福祉用具のレンタル、ショートステイなどを組み合わせて利用しました。晩年は増えましたが、それでも保険限度額の三分の二、多くは半分くらいのサービスの利用でした。家に誰かにきてもらうのは、必要ないかもしれませんが正直、気を遣います。母は、苦しかったり痛かったりしても訴えることができなくて、ちょっとしたことが安全や命にかかわることを知っていました。ショートで外にお願いするのは最短にして、なるべく家で自分で看るようにしました。病院や施設への移動も、自動車を替える時に車椅子対応にして、できるだけ自分でしました。初めて介護タクシーをお願いしたとき、運転手さんが慣れていなかったのでしょうね、母は、負担の大きい危ない抱え方で車に運ばれそうになりました。あわてて手を添えましたが、後で母の姿勢を自分で試してみて、ひどく痛い思いをしました。お風呂は、やはり自分で、ベッドから風呂場までシャワーチエアーで移動させて、シャワー浴をしてもらいました。自分でするのは気が楽ですが、少し無理をしたかなとの思いはあります。

訪問看護は、私が昼に家に戻れない日に、食時の介助と口腔、排泄のケアーをお願いしました。訪問リハビリは、私が家にいる時間帯に週一~二回。ヘルパーさんは始めは少なかったのですが、後には、平日の朝夕二回お願いしました。状況をみながら、介護ベッドや車椅子のレンタルもしました。ショートは、母の体力があった間は、月一回のペースで三日~四日。私には息抜きの時間ですが、その間に携帯に電話があると、施設からの緊急呼び出しではとビクビクしていました。往診は月一回、私のお昼休みの時間帯でした。

――制度改正などでのとまどいは?

改正の情報は自分で求めない限り手に入りません。でも家にきてくれたヘルパーさんや看護師さんは、ケアマネの資格を持っている人も多く、教えてもらえました。行政の窓口は、電話での対応もしてくれました。保険料の改正などがあって新しい料金がわからない時もありましたが、月〆の利用実績を出すときに修正できるので、大丈夫でした。

ショートはもっと利用できるとよかったのですが、心配でした。施設で、車椅子ごと後ろに転倒するということがありました。母の帰宅時に看護師さんたちがついてきて、謝られました。後頭部に大きな瘤ができていましたが、病院へは行っていませんでした。熱が出たとか怪我をしたとかで、施設から連絡がきたり、腕に大きな包帯をして戻ったこともあります。仕事帰りに部屋をのぞくと、同室の方の口に、大きな白い汚れ幕が垂れ下がっているのが見えたり……。今はそんなことはないと思いますが、家庭でのような細かい目配りを施設にお願いするのは無理と思っていましたので、近くにいる限り、朝と夕、母の部屋に行って、自分でできることはしました。

――理想的な在宅介護ができたのですね。

それはわかりません。娘は私一人ですので、自分がしなくてはとは思っていました。親との暮らしは高校までで、その後ずっと、自由にやりたいことをさせてもらいました。父は三か月ほど入院してそのまま亡くなりました。何もできませんでしたが、母には父の分の時間をもらえた……。その意味で、幸せだった思います。ただ、介護される自分を母がどう思っていたか、どう感じていたか……、悔いは残ります。九二歳で亡くなりましたから、周りには天寿をまっとうしたとみえるようですが、こればかりはわかりません。

――介護サービス提供者の、質の確保はできていましたか？

施設の受け入れ窓口の方、訪問してくれるヘルパーさんや看護師さんと密に話し合いができました。状況を細かく伝えて、何が必要か、どうして欲しいかを具体的に伝え、相談しました。母は自分で体位を変えることもできなくて、重心がずれたまま時間が経つと倒れたり、口が覆われたり、手が何かにはさまったままになるのを知っていました。おむつ交換での身体の動かし方、ケアを終える時の身体の向きや姿勢、クッションの当て方、ショートの時は、車椅子での姿勢や足もとのクッションの置き方、補助ベルトのかけ方など、誰もがわかるように車椅子に写真を吊り下げてお願いしました。口やかましい利用者だったと思いますが、注意してみてもらえました。介護をしてくれる職員の方と直にやりとりができて、アドヴァイスももらえました。細かなことでも、その場で気のついたことを話し合えるので安心でした。母の介護を支えてくれた多くの方に感謝しています。

——寝たきりになられてから、褥瘡などはできなかったのですか？

寝たきりになってからはないですが、ソファーに長く座っていて、一度できました。お尻に小さい瘤のようなものができていて、何だろうと不思議に思っていました。トイレ介助で立ち上がってもらう時、私の力が足りなくて、母の身体を横にずらしてしまいました。その時、便座に血がついていて、瘤から出血していました。それが褥瘡だったのを後で知りました。治療用のシートを看護師さんからもらいました。完治まで随分時間がかかりましたが、治りました。

その教訓があったので、早くからエアーマットを使って、体位交換に気をつけました。ベッドには、看護師さんに教えてもらった除湿用マットを使って、トイレ誘導もまめにしました。おむつを使うようになってからは、水分を感知したらチャイムがなる道具をみつけて、濡れたらすぐ取り替えるようにしました。おむつ交換の時は、毎回お尻を温水で洗い流して、乾かしてからベビーパウダーをつけたりしていました。

ベッドまわりは、介護用品のお店にお世話になりました。新しくいいものが出たと聞くと、レンタル店にお願いしてお借りして、まず自分で試してみました。薦められたものでも、使ってみると、肌触りがよくなかったり、モーター音がうるさかったり、柔らかすぎたり硬すぎたりするものがありました。

食事については、いつまでも食べ物が口にあったり、咽やすくなったりして体重も減って、ある回のショートに出たのを機に経鼻栄養になりました。ショート中に誤嚥がおきやすい状態で、軽い肺炎を起こしたりしていました。あまり深く考えないまま、口からの食事が無理な場合は経管栄養にしてもらっていいと伝えてあったのですが、その通りになりました。経鼻栄養は抜けやすく危ないということを聞いて、主治医からも胃瘻を薦められました。その処置のため、母は一度手術室に入りましが、すぐ出てきてしまいました。鼻から麻酔をかがせると苦しみだして危険と判断され、胃瘻ができないまま戻されたんです。結局、最後まで母は経鼻栄養でした。痛かったり苦しかったりしただろうと思いますが、自分ではずす事ができませんでしたので、管が抜ける心配はありませんでした。

――お仕事との両立は？

職場は変わっていますが、母のことがあって、仕事は非常勤にしていました。週四～五日、一日に六～七時間のペースでしたが、専門職でしたので、時間帯を私の都合に合わせて決められました。昼休みを二時間もらって、家に戻って吸引、食事や排泄の介助をました。前後の数時間は母一人になりますが、その間、痰が絡んだり、姿勢が不自然になったりするのが心配でした。これは、母のベッドに夫が介護モニター（ベッド上での様子をパソコンで確認できる）をつけてくれて、助かりました。呼吸音や表情がわかって、体温や室温も表示されます。そばにいなくても、リアルタイムで様子がわかります。母が一人の時、血を吐いたことがあります。この時は、やはり職場で、先に気がついた夫が連絡をくれて、退勤間際の私はあわてて家に戻りました。

週末はサービスは入れませんでした。その方がゆっくりできました。母が亡くなってからしばらくの間は、携帯電話のベルが鳴る度にビクッとしていましたが、今はそれもなくなりました。気がつかないこともたくさんあったと思いますが、フルタイムでなかったことと職場が近かったから、できたんでしょうね。

兄が協力してくれたので、長く家を空けたい時は、私のところに来て母を看てくれました。叔母たちは、折に触れて母を見舞ってくれて電話をくれて……、いつも母や私を気遣ってくれました。夫も協力的で、力仕事を手伝ってくれました。車椅子を押してくれたり、家事も手伝ってくれました。感謝しています。家族外の支援をもらうことは考えませんでした。

——看取りの時期は、どんなご様子でしたか？

最期は療養型の病院でした。一月弱の入院で、そのまま亡くなりました。肺炎は何度かおこしていて、亡くなる数年前には帯状疱疹もしています。そんな時は総合病院にお世話になりました。私も夫も入院が必要な時にお世話になった病院で、医師やスタッフには信頼を置けました。最後の入院の時、母を診ていた医師から、家庭ではなく療養型病院に移ることを薦められました。家につれて帰りたい思いはあったのですが、正直自信がなく、それまでもショートでお世話になっていた療養型に移りました。看護部長さんや介護スタッフの方たちとはよく顔を合わせていて、コミュニケーションもとれていたので、安心でした。利用が長引く中で、家に連れて帰りたい思いはあったのですが、その状態で連れて帰るのはとんでもないというのが部長さんの意見でした。医師もですが、私の負担も考えての判断だったんでしょうね。

最後の一〇日間ほどは、心電図のモニターをつけられていました。家から近い病院だったので、朝夕母の病室を見舞っていました。仕事を終わって、いつものように枕元にいって口腔ケアをしようとすると、閉じていた目が開いてまっすぐに私を見て、それが最後になりました。いつかはと思っていて、時間も十分あったはずですが、準備のない自分がいました。

経管栄養についてですが、当時は、食べられなくなったら管が当たり前のようでした。心の準備もなく、深く考えないまま、その時の流れで管にしてしまいました。本当は、それが何を意味するのか考えなければならなかった、そうなる前に家族みんなで話し合っておくべきだったと思います。医者からの説明もほしかったですね。それに、管を通すこと自体も母には大きな負担だったはずです。もう七〜八年前になるでしょうか、私はインフルエンザの検査で鼻の粘膜をとられましたが、痛くて声を出してしまいました。母には、医療機器店から細い管を買って使っていましたが、月に一度の管の交換も苦痛だったはずです。管をのどに通したままですので、それも苦しかったと思います。快復の見込みがあればまだしも、そうではありませんでした。

いい出会いもありました。母は何回か肺炎を起こしていて、亡くなる三年前くらい前には、帯状疱疹をしています。その時のお医者さんは、自分のお祖母さんが亡くなった時の話をしてくれました。経管栄養にしないまま、静かに穏やかに息を引き取ったそうです。水分が入っていると人間は生きる、亡くなることができないということを話されたと思います。でも、母の手足は柔らかく動いて、口も目も動く、眼差しを感じることもあります。椅子にも座れて、最後となった入院の前の日にも、いつものようにシャワーを浴びて髪もきれいにしました。経管栄養にしてしまってからは、私には、途中でやめる選択肢はありませんでした。

――マイケアプランのメリット、デメリットについては？

母の安全と私が家にいられる時間との兼ね合いを見ながら、分からないことは調べる、聞くを基本にプランを考えました。制度の改正の時は、訪問してくれる看護師や介護職の方でケアマネをしている人に聞きました。聞くと丁寧に教えてもらえました。介護用品ショップの担当者も頼りになりました。市役所の窓口に聞いて、教えてもらうこともありました。制度は複雑ですが、自分が必要とするサービスは限られています。特に困ることはなく、自己作成だからどうということはなかったです。

ケアマネさんをお願いしたことがないので分からないのですが、ケアプランづくりを依頼すると、サービス利用の時、連絡やケアの細かい中身など一切を、ケアマネさんを通して行うと聞いています。自己作成では、実際に訪問してくれる人や事業所と直接やりとりをします。体調や症状にはいつも何かしらの変化がつきもので、小さなことでも直にやりとりができるので、安心につながったと思います。微妙なニュアンスも正確に伝えられます。仕事の関係から、時間ごとの予定があって、時には急な変更もあります。ケアマネさんを通すと、すぐに連絡がつかなくて困ることがあるようですが、私はそのようなことはありませんでした。

自己作成では書類作成の時間が必要ですが、途中からフリーのソフトを使うことできて、計算も楽になりました。月二回、期日のある書類を行政に出さなければなりません。時間に追われることもありましたが、期日はわかっていて、ファックス送信ＯＫでしたので、それほど苦にはなりませんでした。

——介護保険外のサービスで、あればいいなと思ったものは？

母は保険が始まった時点ですでに、具合が悪くても伝えられない、動けない状態でした。人任せにできない性格もあって、施設にお願いしていても、気が抜けませんでした。本当に安心して、何日間かだけでもお願いできる場所があればと切実に思いました。保険では無理なんでしょうか……。あと、家庭での看取り、急変にも対応してくれる医師がいればと思いました。母の主治医はよく診てくれました。でも、医院には毎日たくさんの患者が来ます。往診は医院の昼休み時間、予め決めた時間で、時間外や急変時の対応は難しいようでした。個人の医院では無理もないでしょうね。家で最後を迎えたい、迎えさせてあげたいという人は、本当は多いと思います。高齢者が増えて、病院は混んでいると聞きます。希望すれば、住み慣れた家で生活できる、安心して最後を迎えることができる、そんな日がきてほしいと思います。

保険だけに頼るのではもちろん無理で、住民が自分たちで知恵を出し合って、助け合うことも大事だと思います。元気な高齢者も増えています。話し相手になる、ちょっとしたお使いを頼まれる、不便を解消してあげるなど、できることはたくさんあります。お互いがオープンになって、助けたりたすけられたりが気兼ねなくできる、そんな地域をつくれたらいいですね。

——心理的なご負担は？

母との生活が私の普通でしたので、特には感じませんでした。介護を始めて四～五年は、どこかで、母の病気は治るんじゃないかと思っていました。自分の足で歩けていた時、夫がいたアメリカに母を連れて行って、その時、認知症専門の医師に診てもらったことがあります。医者は、母が歩く様子や表情を見て、日本から持参した脳の画像を見て、私と話をしただけですが、アルツハイマーという言葉を出しました。それだけで、どうしてその診断ができるのかと、怒りを覚えたりがっかりしたりでした。そのころは、きっと治療薬が開発される、そうすればよくなると、どこかで思っていました。

――お母様との思い出深いエピソードは?

母は大正八年生まれ、満州からの引き上げ者です。帰国後の苦労も半端ではなかったようです。外での仕事はしませんでしたが、洋裁も編み物もこなして、私が小さいときの服は大抵手作りでした。もともと活動的で手先が器用、好奇心も旺盛でした。呉服屋さんの仕立て、下宿などで家計を助けたりもしていました。地域の婦人部の仕事も引き受けていて、そんな背中をみて育ちました。

母は六〇歳で夫を亡くしましたが、それを機に新しいことにいろいろと挑戦して、それぞれにかなり熱中したようです。組紐では師範をとって、習字は通信教育で習って、句会で作った句を短冊に残しています。お華も習う。

最近、母の遺品の中に、年代ものの「文化服装学院」の分厚い教本を何冊もみつけたんですよ。私たちが小さかったとき、本で勉強していたんですね。英語の勉強もしていたようで、「A、B、C　コンニチワ、サヨウナラ……」、アルファベットとカタカナが並んだ母のノートが、やはり最近出てきました。私の留学中、アメリカ人の学生の面倒を一時みていたようですが、その時のものだと思います。老人大学に通っていた時のものらしい、ダンス用のスカートもありました。

父が亡くなったのは、長年住み慣れた土地を離れて、母と二人で兄のところに越した年です。趣味に打ち込むのは楽しみだったと思いますが、寂しさを埋める意味もあったんでしょうね。でも、そのころ私は、自分のことで精一杯で、これからという時に夫を失くした母の悲しみや、老いを前にした母の不安を察することはできませんでした。悔やまれます。

母との生活は二十年を超えました。入院して三か月で亡くなった父には何もできませんでした。母には、父の分の時間ももらえたような気がしています。気負いはなかったつもりですが、母の介護には自分が一番適役とは、多分思っていました。周りからすると、無理をしていると見えたかもしれません。でも、兄や夫の協力や理解があって、介護をする中で学ぶこともたくさんありました。自己作成は、自分から動き出さないと情報が入りません。でも動いてみると、教えてくれる人はたくさんいて、人との輪が広がります。いい出会いがたくさんありました。今もお付き合いを続けてくださる方たちもいて、ありがたいです。

――地域でのボランティア活動については?

今は講師をしたり、自己作成の勉強会をしたり、自分たちで高齢者の居場所をつくろうということで、仲間と準備もしています。子供を対象としたボランティア活動も続けています。母の介護を通じての知り合いで、老人ホームに入所した方がいます。時々面会に行きますが、足の衰えを除いて元気で、手先が器用。前向きで、ホームでは一人でできる創作活動に打ち込んでいます。私が行くと、豊富な社会経験を踏まえた貴重な話をたくさんしてくれます。他の入所者たちとは会話が通じなくて、話し相手のいるデイサービスに週一で出かけるのが楽しみのようです。

――福祉サービスについて、どう思われますか？

制度が始まった初期のころ母がショートステイでお世話になった施設は、真新しい大規模施設で四人部屋、広々していて床はピカピカでした。でも、看護ステーションに近い時は別にして、いつもシーンとしていました。胃瘻の利用者だったのかもしれませんが、食事とオムツ交換の時以外は、みな同じような姿勢で一人じっとベッドに横になっていました。時や場所が変わっても、状況はあまり変わっていません。必要な場所ですが、豊かな現役時代を生きてきた人たちの居場所と言えるのか、これでいいのか……複雑です。制度が整って専門化が進んで、医療は病院、介護は施設が当たり前のようになっています。この二つは本来、不可分のものだと思います。施設職員が多忙を極めているということも聞きます。サービスが機械的にならざるを得ないのも頷けます。元気なうちに、自分や家族の老後について主体的に考える、身近な人と話し合って、どうなりたいか、どうしたいかを伝える、誰にもわかるようにしておくことが大切でしょうね。自分で食べられなくなったら、快復の見込みがなくなったらどうしてほしいか、家で話しているところです。

介護保険ですが、自己作成（ケアマネさんにお願いしないで、自分でケアプランをつくる）ができること、そしてその仕組みを知らない人が多すぎます。制度やサービスについての情報はたくさんありますが、自己作成について触れたものがほとんどないのも要因かと思っています。保険利用の手引きや介護保険制度の紹介の資料には、ケアプランはケアマネ依頼と自己作成の二種類があって、どちらかを選べることを併記して欲しいですね。どのような生活を送りたいのかを、必要な時には専門家の意見や助言をもらいながら、主体的に自発的に考える自己作成は、人とのやりとりが必要で計算もします。自分や家族のことですので真剣で、意欲にもつながります。これは介護予防になります。計算をしていると、自己負担額の十倍、二割負担では五倍のサービス料金が保険から支払われていることも頭に入ります。サービスの使い方に慎重になって、ケアマネさんの費用（現在は全額を保険がカバー）もかからないので、費用の抑制にもなると思います。自己作成は大変と思う人がいるようですが、自分が必要とするサービスは限られています。自分に関する部分だけおさえておけばいいので、やる気と時間さえあればできます。無理になったときは、ケアマネにお願いできます。軽度の人ほど自己作成しやすいと思うのですが、二〇一五年度の改正で要支援は自己作成ができなくなったように聞いています。だとしたら、それは介護保険の理念に逆行しているように思います。

制度は複雑すぎます。始終変わるのも問題です。おそらくは誰もが必要になる介護サービス、「自己作成は大変ですよ」（＝「止めたほうがいい」）ではなく、誰にもわかる、わかりやすいもの、そして利用しやすいものになってほしいです。

4 看護師、ケアマネジャーとして積み上げてきた仕事と自らの被介護体験

桜沢奈美子さん（奈良）

桜沢さんは一九四四年生まれ。長年看護師として仕事をされ、第一回目のケアマネジャー試験に合格後はケアマネジャーとして研鑽も積まれてきました。自分自身ががんと診断されて、手術後の抗がん剤治療の時期の精神的な不安解消のため、マイケアプランで介護保険を利用されました。看護師、ケアマネジャーとしてのキャリア、闘病生活と当事者としてのマイケアプラン、地域での様々な活動などをお聞きしました。

――看護師としてのお仕事からお聞かせください。

看護師として長く勤めた病院は五〇床からスタートした地域医療を重視した病院でした。医師のいない地域で住民が寄付を集めて医師を呼び、自分たちの病院として作り上げた病院です。そこでは制度としての訪問看護ができる前から、病院独自の取り組みで必要性の高い方には訪問看護を行っていました。外来に診療に来られて、その生活状況が気になる方には訪問看護師を派遣しました。私も病棟業務の傍ら、訪問看護師としての業務も行いました。地域医療懇談会も開催し、高血圧の方には食事上の注

意を伝えたり、栄養士が一緒に同行している時には料理の具体的な指導もしてもらって、患者さんからも感謝されました。

「待ちの医療」から、「地域へうって出る医療」を病院全体で目指していました。それは当然のことですし、そういう取り組みを行っていることを知っていて、就職したのです。患者の家と生活状況、その地域をみると病気と患者との関係がはっきり見えてきます。台所の有様、汲み取り式のトイレ、足腰が弱ったらどうやってトイレに行くのだろうと、自宅の訪問時、疑問に思ったことも問題意識として頭に入れながら、病院での仕事に役立てることができました。

患者の家を訪問すると生活実態がよく把握できますが、病院のベッドで寝ていると、患者が語らない限りその方の生活の中身を知ることができません。病診連携の体制で急性期は病院、病状がよくなってきたら診療所という医療体制が、どんな地域でも根付いていけばいいですが。

病院の検査が多いのも患者には負担になりますし、多剤投与のため副作用で具合が悪くなる人も多いような気がします。急性期の治療後は生活指導なり、本人の自然治癒力に任せた治療がよいのではないかと考えさせられました。

ある高齢の患者さんが退院して帰宅後にお元気になったと聞いて、様子を見に行ったことがあります。段差の多い日本家屋で、歩行が不安定なので、トイレには行けません。福祉用具の店が身近にないことや、倹約精神から、ポータブルトイレを買うというような発想はありません。どうしているかというと布団のそばに洗面器を置いて排尿し、新聞紙でふたをして、一日に一回、家族が捨てにいっている。そんな有様を見て、社会資源のサービスを利用しなくても自分でなんとか工夫してやっていけるんだなと逆に教えられる思いでした。下の世話にはなりたくないという思いからかえって離床が早くなり、また嫁の世話にもなりたくない気持ちから、どうにかして自立しようという強い気持ちがあるのです。介護サービスの充実などはいよいことですが、それがかえって本人の自立を妨げることもあります。

病院で管理職の立場の時には、新しい部署を創設してもらい、次世代育成のための看護師の営業のようなことも担当しました。近隣の高校の進路指導の先生と話をして、一日看護体験を始めました。病院に高校生にきてもらい、診療現場をみてもらい看護体験をする試みでした。何年間も継続できましたね。結果的に大変に忙しくなり、残業続きで娘には看護師にだけはならないと言われてしまったこともあります。

——ケアマネジャーとしては、どんなお仕事を?

介護保険が始まった後は、病院が経営するデイサービスへ配置転換となり、現場の介護職と同様の業務を任され、腰痛を抱えながら行いました。半年ほど仕事をこなしましたが、骨折などもありましたので、いろいろ考えた末やめました。

結果的にはその後の経験が、プラスになっています。開業医の手伝いをしたり、居宅支援事業所のケアマネジャーとしての仕事も幾つか経験しました。最初の事業所は「一か月一〇〇万円、うちの会社が経営する訪問介護事業所とデイサービスに収益があがるようなケアプランを作成しないと、やめてもらいます」と最初から言われ、驚きました。そんなプランを作ることは不可能なので、一年でやめました。

その後は最大手の事業所などでも仕事をし、各事業所のスタッフの力量が介護の質を左右しているのだと実感しました。

――マイケアプラン研究会との出会いは？

介護保険スタートの二年前に勤め先の病院が在宅介護支援センターを立ち上げました。そこの看護師として相談業務を行いました。別の在宅介護支援センターは委託元の管理体制がなく、委託された法人に運営が任せきりで、相談件数も少なかったです。私の事業所ではケースワーカー二人と、どんどん地域に入っていき、そのニーズから直接学び、介護保険の原点（利用者主体）が身につきました。同僚は福祉職なので、「医療系の桜沢さんがいてくれるから、安心して相談業務にあたれる、医療の支援がメインになる相談はお願いします」と頼りにされていました。全国レベルの研修なども在宅介護支援センターで行っていて、マイケアプラン研究会の代表を講師として招いていました。京都では介護保険スタート前から一般の市民が学習会など行っていると聞き、専門職である自分も慌てて、電車で二時間程かけて三月から研究会に参加し始めました。今も続けて活動しています。

在宅介護支援センターに所属している関係で、ケアマネジャー試験を受験しないわけにいかないので、第一回目の試験で合格しました。ケアプランは自分で作成して、当たり前と思いました。介護保険法にもセルフケアプラン可能と書いてあるのに、なぜもっと広がらないのかと思います。ケアマネジャーは専門家であっても、どこまでアセスメントできているかわからず、自分のケアプランを作ってもらって「はいわかりました」と従うのは、おかしいと思っています。

――がんの手術後から、いまの生活への変化についてお聞かせください。

健康な状態を維持できています。病気は気の持ちように影響されることもあるので、気持ちを整えるため、早朝ウォーキングをしています。故郷であるこの地の山が見えるコースを歩くと気持ちが落ち着き、最良の体調管理になります。今はその散歩の距離を徐々にのばしています。

その中で地域のラジオ体操グループに出会い、自分から参加を申し入れ、仲間に入れてもらいました。新しいグループへ入っていくと新たな人との出会いもありますし、そこのメンバーは年上の方ばかりでしたので、将来の自分の姿と重なり、先輩から老後の過ごし方なども学びたいと思っています。

一方、住まいのある公民館でやっている高齢者のカフェ（つどいの場）に一度顔を出したら、地区が違うからお断りです、と言われました。そこは自治会が主催する地域高齢者の孤独解消のためのカフェでした。私はこの時、定期的に参加するのではなく、医療関係の仕事もしてきたので、お手伝いできることがあれば協力したいと思っただけだったんですけど。連絡先もメモ書きして置いてきたのに、1度も連絡がなく、がっかりしました。

ここでは他に三年前から、地域住民が立ち寄り、病気や介護について相談したり情報交換する場である「くらしの保健室」の活動も始まっていて、まち全体の医療と介護の相談室としての考えた取り組みも活発になってきています。

先日まで県主催の「地域マイスター講座」も受講していました。そこでは若者の流出問題にしても、マイナスに捉えず、その対策を考えて「自然が多いから子育て環境にはいいよ」とアピールすればいいのではないか。私たち地域で暮らしている現役引退後の時間のある者が仮の祖父母として、子どもと関わるようにすればいいのではないか。昔遊んだ素朴な遊びを子供達に教えるならば、設備もお金もいりません。そんなふうに発想を切り替える視点を学びました。

この地はもともと木材産業で栄えたまちです。国産の杉が外材に押されたり、大手建設会社の工法で販売不振になったりして、産業としては衰退していますが、昔ながらの工法の立派な家も多いです。この世帯主の容体が悪くなってくると、一家の主人の「死に土産」として、家を立派に改修する方もあります。そういう昔気質が残っているまちです。緩やかではありますが、まちは人口減少しているので、神社などをパワースポットの観光名所としてアピールしています。団塊世代の方々も若者世代の後押しをしていきたいと思う。団塊世代は力とキャリアは持っているのです。進んでいく方向性、その道標が間違っていなければ、マンパワーが発揮できるのではないでしょうか。

近隣に住む方の中には京都の昔ながらの近所付き合いが煩わしいから、こちらの公団住宅などに引っ越された例もあります。体が動く元気な間はそれで支障はないのでしょうが、そんな方もシニア世代になるとやはり、身近な人間関係が必要になってきます。そういう場合は、遠慮なく自分の殻を破って関わってきてほしいと思います。

——介護サービス事業所の実際については?

介護サービスの事業所にしても実績の利用人数をあげることだけを考えているような気がします。定員が三〇人もの規模のデイサービスだと、入浴もバタバタして利用者も落ち着きません。もっと丁寧な関わりを利用者は求めているのです。経営者は本質的な問題を抜きにして、「ここに来たら若いピチピチの女性スタッフが短パン姿で介助してくれる」とだけ宣伝して回っているようなレベルの事業所もあります。

ただサービス提供の場があって、介護職員がいたらいいというわけではなく、職員の質の確保も重要ですし、職員の待遇もよくなるように検討しなければならないでしょう。福祉の仕事は人の役に立つやりがいのある仕事ということで求職者側にアピールし、この仕事の魅力を伝えればいいのではないでしょうか。はじめから福祉の仕事に熱意がなかったとしても、仕事につく前に福祉の仕事への動機付けができていればよいのです。ただ、新人職員でも対応可能な関わりやすい利用者がいるわけではありません。新人職員であってもどんな利用者とも、接していかなければなりません。そのため研修の中で、しっかりと対人援助技術を教える必要があります。そうでないと、何か失敗があって利用者から怒られた時になぜ怒られたのか、本人はわからない、気づかないということになります。先輩職員のフォロー体制が必要です。

看護学校の教員をしていた時の話です。看護学校でも最近の学生は生活経験が乏しいので、まず挨拶の仕方から教えます。また「清拭」の実技であれば、清拭用のタオルの絞り方から教える必要があって、何事にも時間がかかります。病院ではいろんな設備が整っているが、在宅診療の場合は、その家にあるもので工夫する方法も知らなくてはいけないでしょう。学科の勉強ももちろん大切ですが、看護師としては家庭で最低限必要な家事のすべなどは習得しておく必要がありますね。学業成績の優秀さよりも常識のある学生が欲しいと思うこともありました。看護学生が実習に行く場合は実習指導として病院のベテランの看護師が同行するので、学生がその場でどこまでの技術を身につけられるか、が問われます。

こんなことを強調するのも、看護師の意識が変わらないと介護担当者の意識も変わらないからです。ヘルパーや看護師が一番長く利用者のそばにいるのですが、かえって大事なことが抜け落ちることも多いです。在宅訪問サービスの場合はほとんど職員一人で対応するので、事業者の研修体制がきちんとしていないと、個々人のアセスメント力が身につきません。特に居宅のサービス事業所で福祉系のスタッフばかりで医療系のスタッフがいないと、経験の蓄積ができないことが多いです。管理職は各職員に命令するだけで、上意下達の運営になり、本来の指導ができていません。管理職が職員の書いた記録に目を通して、毎日同じことばかり記入してあったり、「特記事項なし」ばかりが続いていないかを細かく確認する。そして指導が必要な職員には、管理職が観察のポイントを少し教えるだけで経験があるスタッフなら、そのことを理解し、スキルアップにつながると思うのですが。

――がんを患われたお姉様の療養中のご様子は？

姉は片方の尿管がんで、その側の腎臓摘出後、膀胱がんと診断されました。闘病生活は一年と数か月でした。摘出手術後は膀胱内に病変があると、その都度摘出したりしましたが、肺にも転移してからは、各種の治療も難しくなりました。緩和ケアの病院を探して、そこに入る前にセカンドオピニオンを受けたり、丸山ワクチンを接種したりしましたが、その時期は本人にとってはしんどいだけでいい医療を受けた気はしなかったと言っていました。

緩和ケアに入院するまでの二週間だけ、介護保険の訪問看護を利用しました。姉は他県在住で、夫や子どももいましたので、介護について相談をもちかけられることもなく、家族に任せていました。緩和ケアに入ってから、麻薬（モルヒネ）も使い、症状が軽快してからは、お見舞いにもよく行きました。私が顔を出すと、「この妹は看護師でケアマネジャーもしていたのよ」とまわりの患者に自慢気に話をしていました。姉は婦人会の活動などはしていましたが、専業主婦でした。逆に私が専門的な職業を持って活躍していることを、姉として誇らしく思っていたのでしょう。素直に嬉しかったです。その後、病院で亡くなりました。姉の思いに応えるためにも長生きしなければと思って、人間ドックに入ったら、大腸がんが見つかったのです。

――がんの闘病生活を、マイケアプランで乗り切られたのですね。

検査では大腸がんの二期との診断でしたが、手術してみると、かなり三期に近い二期とのことでした。転移はなかったのですが、病巣の深いがんだったと言われました。三週間の入院生活で、自宅に戻りました。内服での抗がん剤の治療効果ははっきりしないようでした。けれども、大腸がんの治療実績のある医師から内服をすすめられたこともあり、信じて治療してみようと思いました。半年間の内服期間で、仕事と両立できるよう（食事も注意事項があったので）、週五日服用し、土日は内服も休みというう飲み方にしてくれました。姉が亡くなったこともショックでしたし、夫とは別居中でひとり暮らしです。一人で全ての家事をこなし、その上に買い物して料理して、薬の管理もするのはしんどかったです。

そこでアルバイトとして働いていたケアマネジャーの仕事はすっぱりやめ、治療とリハビリに専念しました。食事はエネルギーやたんぱく質の制限はないのですが、消化のよいものと指示があったので、調子のよい朝にメニューを考えて、まとめて野菜類の下ごしらえをしておきました。毎食何を作ろう、食べようと考えるのはおっくうで、面倒なので野菜中心に料理を作っていました。油料理などは手早くできていいのですが、医師からだめと言われたので、スーパーのお惣菜なども活用して、どうにか食事療法も乗り切れました。治療に専念することで、一人で生活リズムをつけ、家事、術後リハビリを行っていくことができました。

抗がん剤治療は二〇一四年八月の終わりから、二〇一五年の二月初めまでの期間でした。過ぎてしまえば短い期間でしたが、治療中はストレスがたまりました。自分に医学の知識があるからといって、病気の悩みが消える訳ではありません。看護師だから、まわりから見ると支援する必要はないだろう、自己管理できるだろうと思われていて、悩みを聞いてもらうこともできませんでした。日常生活はマイペースでできます。しかし、精神的動揺を落ち着かせることや、調子が悪い時の日々の生活リズムがつけにくいと感じていました。抗がん剤の副作用として、歩いていると地に足がつかずふわふわする感じがあったり、意識が途切れるようなこともありました。

気分的にイライラも増え、テレビのニュースにもイラ立ちがわいたりしました。体調面では、排便コントロールのためにウォーキングも始めていましたが、抗がん剤との兼ね合いでうまくいきませんでした。それで漢方医を受診して、漢方薬の調整をするとようやく改善しました。

マイケアプランを実践しようと思ったのは、看護師としてもケアマネジャーとしても経験があり、マイケアプラン研究会の会員として学習を積み重ねていることが自負としてあったからです。自分の気持ちを安定させるためにも、要介護認定を受け、マイケアプランで訪問看護だけを利用しました。自己以外に信頼できるケアマネジャーはいないと思います。認定調査時も病状がよく分かる医療系の方に調査に来てもらうよう依頼したので、現状がよく反映された認定結果が出ました。その間に、病気にうち勝とうとする勇気が出ましたし、いろんなインフォーマルな協力者ができました。自己作成にしたデメリットはありませんでしたね。

生活面では自分の生活リズムを保つためにも、ヘルパーは不要でした。私のニーズを思う通りに満たしてくれるような、ヘルパーを見つけるのは至難の技ですから。しかし派遣されてきた訪問看護師もレベルが低くて、仕事の飲み込みが悪かったです。サービス内容としては、バイタルチェックや薬のセットを依頼しました。もちろん自分でやることもできましたが、誰の支援もなく一人ですべてやるのは気が重く、難しかった。派遣された看護師は中高年の方だったせいもあるかもしれませんが、訪問中自分の話ばかりしていたり、逆に私に話を聞く場合はマニュアル的な質問方法で、利用者に合わせることができない看護師でした。最初の利用月の一〇月は月に四回、一一月は月三回、一二月は月二回の訪問にと回数を減らし、もういらないと思って断りました。それは自分の一人の生活に自信がついたことと関係していましたが。

一二月の後半に三泊四日の旅行計画をたて、長野の温泉に湯治をかねて行きました。家事もしなくていいし、癒しにもつながるかと思って計画しました。電車を乗り継いで、自分で荷物を下げての一人旅ができたことで、体力にも自信がつきました。残りの抗がん剤の治療期間もなんとか自分でできると見通しがつき、一月の受診でも検査データは悪くなく、次回受診は三か月先でよいと言われました。ほっとして、逆にいろいろやり過ぎてしまって、二月にはインフルエンザにかかってしまいました。

たまたま数日後にマイケアプラン研究会の公開講座があり、話題提供者として自分の発表がありました。何とか熱を下げようと思って、口に合う好きなものを食べ、水分補給をしてたら一日で熱が下がりました。その上、帰り道は徒歩一五分ほどの電車の駅まで歩けたくらいでした。私は何か目標があると、頑張れるタイプのようです。

――行政やサービス事業者との関係は?

自己作成の第一回の計画に際しては、過去にケアマネジャーとして勤務した事業所での知人から、協力がえられました。市役所の窓口には、研究会での一五年間の活動内容を(冊子とニュースレター持参し)説明し、私が専門家であることを公言しました。窓口では保健師か看護師の方とやりとりしました。日本の福祉サービスは昔よりは進んでいるとは思いますが、行政のサービスよりも何気ないご近所とのふれあいを作り上げるのが大切だと思います。

自己作成の実施期間には、多くの人の援助は必要ないと思いました。特に私の大腸がんについては、排便コントロールをすることには、運動と食事療法と抗がん剤とのバランスを自分のこれまでの経験をすべて活かした結果、できたように思います。が、当事者になったことによる精神面のケアに役立ったのは、マイケアプランを学んできたおかげだと思っています。

短期間ですが、マイケアプランを実践したことで、自分主体で行動できましたし、情報も行動とともに増えてきて、暮らし方を選択できる喜びを感じています。なにもおそれず、今後もまわりの協力者を一人ひとり地道に探していける感じがしています。

――がんの患者会にも参加されているということですが。

奈良にはがんの種類別（胃がん、肺がんなどの個別のグループ）の患者会の組織があります。また病院にもがんの専門看護師がいるところもあります。

いろいろと情報収集する中でがん患者や家族が気軽に集い、悩みを話したり、情報交換を行う場「がんサロン」のことを知り「なぎの会」に参加しています。会の代表者はがんになる前に四年間うつ病で苦しんだ方で、その時の苦しみの方ががんの苦しみよりしんどかったと言われました。医師との関わりも「近所のおばちゃん」感覚で、困っているのでわかりやすく教えてほしい、というスタンスで医師から情報を引き出せればという考えでした。プライドの高い医師とも上手につきあうすべを身につけておられました。「なぎの会」でリレーフォーラムなどもやっていますが、県議会や製薬会社の後援を得て、企画をされる。その人脈の作り方や手腕も見習うべきものです。

私の希望としては、同じがん患者やがんのため一定の期間の療養が必要で、同じ不安などを聞いてアドバイスしてくれるシステムなど、がんのピアサポートのようなものが身近にあればよいなと思い、今年度からはピアサポートなぎの会の役員として活動を始めています。

――今の生活、地域とのかかわりを教えてください。

住む場所を決める時には、駅からの距離や病診連携ができている診療所が近いことが条件でした。病院や診療所にはいざという時に命を助けてもらうことになるので、医療の質が問題になります。大学病院だから質がよいとは限りません。介護の事業所が少ないと選択肢もなくなり、マイケアプランも不可能になってしまいます。

行政にもの申していく体制も作る必要があります。小さい自治体なので、そういう体制を作ろうと思えば作れなくもないのです。近くにある診療所は、地域住民が出資して無産者診療所から出発した歴史を持っています。そんな地域特性と職場での経験が今のマイケアプランの活動につながっています。

自宅ではなるべくふとんでの生活を続けようと思っています。ふとんの上げ下ろしが下肢筋力低下予防につながります。日常生活では歩いていける範囲は自分のペースで歩いていきたいので、安全に歩けるまちであって欲しいです。本当に自分が動けなくなった時は、身近な地域の力が必要です。近隣にあるヘルパー事業所も目星をつけておいて、理念を持った管理者とともによい人材育成をしたいですね。自分一人だけでなく、まわりもみんなそんな思いで活動すれば、地域全体の福祉もよくなるでしょう。一般の方も日々の暮らし向きのことよりも、もっと先回りして老後の準備をしないといけないと思う。定年退職で悠々自適とゴルフなどしているよりも、自分に介護が必要になった時にどうするのか？真剣に考えて欲しいですね。

――最後に、思い出深いエピソードと、最期の晩餐に食べたいものを教えてください。

奈良公園で鹿とゆっくり遊べたことです。今の奈良には観光客が増えすぎて、鹿も落ち着かなげに見えますね。

人生最期の時には、太陽いっぱい浴びたまっかに熟したトマトを、井戸水で冷やして丸かじりしたい！　こどものころ、友だちの家で食べた懐かしい思い出の食べ物です。

5　仕事と介護の両立を「笑顔と覚悟」で乗り切った明るい介護の日々

岡前恵子さん（京都）

岡前さんは歯科衛生士として、仕事を続けながらお母様の介護を一三年も続けてこられました。その間に有志での時間預託の訪問介護の仕事をされたり、宅老所のような小規模なデイサービスを運営されたりしていました。お母様が多発性骨髄腫という難病を発病され、三～五年との余命宣告をされた後、一三年間在宅介護の中で、マイケアプランを実践もされました。マイケアプラン研究会にも所属され、活動しながらの介護生活への思いを伺いました。

――お母様が発病された頃のことからお聞かせください。

母は七五歳で多発性骨髄腫を発病し、一九九八年くらいから本格的に介護が必要な状況でした。当時は介護保険がなかったので、自分が仕事をしていた時間預託のサービス（私的な訪問介護の事業）で昼食の食事介助を依頼して、歯科衛生士としての仕事を続けていました。

ある時、夫の知り合いを通じて「週刊金曜日」の取材が来られることがありました。その記者は私が介護で日々大変な状況を取材したいと思われたようですが、記者のイメージと全く違っている。振る舞いがすごく明るい「明るすぎる」とまず驚かれたようでした。介護をしているのに悲惨な感じが少しもない。私は介護をしていても四六時中そのことを苦にしているわけではありません。介護しているのが実の母で姑の介護とは違うこともありましたが、母の介護のために何かを犠牲にしたくないと思い、また日々明るく楽しくしていたいというのはポリシーでもあるので、くよくよする気持ちもなかったので、「明るいですね」と驚かれたのが意外でした。

——通常のケアマネジメントからマイケアプランへの移行は?

介護保険が始まってからは、友人のケアマネジャーにケアプランを立ててもらっていました。友人だったので、打ち合わせも綿密にできて、要望通りにプランを作ってもらい、不満もありませんでした。ただ以前から入会していたケアプラン研究会の仲間からは、マイケアプランでやってみたらとすすめられていたこともあり、「来月から自分でやるわ」というと「簡単やから、そうしたら」とそのケアマネジャーも背中を押してくれました。私も二回目のケアマネジャー試験も受けて合格していたので介護保険のおよその概要はわかっていました。ショートステイは母がいやがって使わなかったので、ほぼヘルパーだけのシンプルなケアプランでした。

マイケアプランに切り替えてから、サービスの回数を増やしたのは一度だけです。ずっと前から、私に一生のうちで一度だけ、ベートーベンの第九の合唱を歌いたいという希望があったんです。そのためには夜練習のために定期的に出かけなくてはいけなくなります。夜の練習に参加すると、母の夕食介助ができないので、どうしようかと思い、市役所にありのままの事情を話し、夕食介助のヘルパー追加の相談に行きました。「それはとてもいい（介護保険の）使い方ですね」と言われました。介護保険が始まった当初は役所もそういう対応で、家族のレスパイトケア目的の利用を、むしろ歓迎するような雰囲気がありました。介護保険の限度額も余っていましたが、私もあまりサービスが増えて介護の方が入れ替わり立ち代り入って来て欲しいとは思わなかったので、必要な三か月だけの利用で止めました。

介護は担っていても、母のために生活が犠牲になったと思うのはいやだったんです。思い切って参加した第九の合唱も、とてもよかったです。私にとってはちょっとしたリフレッシュになりました。そんなちょっとイレギュラーな利用法も本人や介護者には必要な支援でしょう。それが認められないなら、介護者も社会参加の機会がなくなり、社会から疎外された生活になりますし、母も自分の娘に好きなことをさせてやれないという二重の苦しさがあるのではないでしょうか。

母は二〇〇四年に亡くなったので、二〇〇一〜三年までセルフケアプランを行ったことになります。二〇〇二年頃、母が大腸がんになり、一年半くらいの闘病期間がありました。便がまったく出ないことでおかしいと気づき、がんと診断されました。結局人工肛門を造設したため、私は入浴が不安になりました。それまでは私が入浴介護を一人で行っていたのです。

病院を退院する時に、ソーシャルワーカーが訪室してくれて、退院にあたっての不安は？　と聞かれました。人工肛門の処置の仕方は習得しましたが、湯舟に入れての入浴介助が腰痛のせいもあり、できなくなるのではと打ち明けました。退院を契機に入浴の支援を訪問看護の方に依頼し、サービスを追加して利用することになりました。退院前に段取りをしてもらえて、助かりました。

――行政の反応は?

住所地のM区からは特に何も言われず、セルフケアプランを普通に受け入れてもらいました。ただ自分の担当者は決まっていたので、その方がいることを確認して窓口に行きました。月初に手書きの提供票などを持ち込んで、職員がパソコンで清書、打ち出してくれたものを事業所に自転車で持参し、手渡ししていました。事業所も近所にあったので、便利でした。介護保険開始時は要介護3で、だんだんと身体機能も落ちていき、看取りの時期は要介護5になっていました。はじめは杖歩行でしたが、発病後二年くらいで歩けなくなって車椅子の生活になりました。七五歳で多発性骨髄腫と診断された時の主治医の先生の母親も、母と同じような年齢だという、そんな思いを重ねて下さり熱心に治療をしてくれました。難病なので、強い薬を使う必要もあったのですが、副作用を抑えながら、うまく調整してくれたおかげで、八八歳まで生きることができたと感謝しています。

通院も母を連れていくのが大変だったので、「娘さんの病状の報告だけでいいです」と薬の処方をしてくれました。その配慮がありがたかったです。車椅子で母を連れての通院となると夫の協力も必要になり、車椅子に乗せることも大変でしたから。その代わり体調の変化、嘔吐や強い痛みなどがあれば母も一緒に通院しました。医師の判断で入院が必要とされれば、入院もしていました。

――お母様の日々のご様子は?

寝たきりにはなっていましたが、認知機能は衰えていなかったです。八〇代でしたから、年齢相応のものはあったかもしれませんが、いつも無口な人だったので、実際はわからないところもあります。いろいろなことも三日ほど考えてから言葉にする人だったんですが、トイレに行けなくなった時は自分から「おむつにしてもらったらいい」と言ってくれました。娘の介護の負担を考えてくれた言葉で、本人から発した言葉だったので助かりました。

おむつは、吸収がよく質が高いとある研修で教えてもらったテーナを利用していました。当時は販売しているところが少なかったですが、たまたま近所に取り扱っている販売店も見つけました。コンパクトにまとまり、ごみも少なくてすみました。カバーはネット式だったので、陰部がむれないし、洗濯後すぐ乾いてよかったです。難点は少し高価だったことでしょうか。おむつの生活になっても一〇年過ごすことができました。介護が始まった時は私はまだバリバリ仕事をしていたので、母のトイレで夜起こされるのは、仕事のことを考えるとしんどいなと思ったので、おむつを使ってくれて介護の負担は少なかったです。ただ少しでも快適に、抵抗なく使えるおむつを使用したいとは思いました。ただ入院中は病院で使っているおむつを、と言われてテーナを使うことはできませんでしたが。

骨髄腫は治りにくい病気で、さらに大腸がんができて輸血や抗がん剤の治療が必要だったのですが、母は入院してもすぐ家に帰りたがる人で、在宅介護は当然という感じでした。

介護保険が始まってからはデイサービスにも通所していましたが、送迎時、車の振動で骨に痛みが出るようでした。当初は他区のデイサービスに通ったので送迎に二〇分程度かかりました。またデイでもトイレ誘導の後なかなか後始末の介助にきてくれなかったりして、「行きたくない」と話していました。デイサービスをやめたら、昼間一人ぽっちになってしまうと伝えましたが、「それでも、かまわない」と言いました。母とはずっと同居だったので、母の気性もよくわかっていました。

母は前夫との間に生まれた長女を手元において育てられなかった事情などがあり、私は母に対してかわいそうな人だなあとも思い、つらかった思いがあった分、今後は幸せになってほしいと願っていました。夫も介護には協力的でした。私の実父の介護の時も入浴介助が必要な時には夫がお姫様抱っこで介助をして、「これは男の仕事だろ」と嫌がらずに手伝ってくれました。父が家に閉じこもりがちだったので、東映の映画村までドライブに連れていってくれたりもしました。父の介護は結婚後、数年後から始まったので、まだ三〇歳にもならない夫が義父とはいえ、高齢者の世話をしてくれて本当に頼もしかったです。わたしたちには子供がなく、夫の両親はまだ若かったので、介護も重ならなくて、介護する状況としては条件がよかったと思います。

父はアルツハイマー型認知症だったので、私の顔もだんだんわからなくなりました。自宅で普通にご飯を出したりしていると「こんなええ旅館で上げ膳据え膳にしてもろうて、いったいいくらかかります?」と心配そうな顔をしていました。私を旅館の女将と錯覚していたようです。時々腹立たしいこともありましたが、その巧まざるユーモラスな発言に救われたりもした日々でした。その経験があるので、母の介護も二回目という感じでした。二回目だったからおおよその要領はわかりました。仕事はパートタイムで継続していたので、母が昼間一人で過ごすことになることを除けば、まずまず合格点の介護ができたと思います。朝は一〇時から出かけて、四時半には帰宅していました。母には主に昼食介助のヘルパーを依頼し、退屈しないようにベッドまわりにおやつを置いて出かけていました。若い時から水分をあまりとらない人だったので、尿量も少なかったです。テーナを使っていたので、皮膚トラブルもなかったです。

――お母様の体調はいかがでしたか

痛み止めももらっていましたが、骨の痛みはなかなか消えず、動かすと痛みが生じるようでした。ベッドで寝たきりの生活でしたが、朝起きたらパジャマから昼間の服に着替えること、食事中は椅子に座って過ごしてもらうこと、は最期の日まで毎日続けていました。昼はヘルパーの訪問時間もあるので、座っているのが一時間程度でした。夕食時はまず起こして、夕食の介助をし、自分たちが夕食をとって片付けをする間、三時間くらいは座位姿勢を保ってもらっていました。ほぼ寝たきりだっため、手足を動かす機会もなかったので、着替えの時だけでも動いてもらわないと、と意識しました。拘縮が進むことを心配したのですが、亡くなる時まで拘縮はなかったです。

寝たきり状態だったので、途中から訪問リハビリテーションを追加したこともありました。ただ鍵の受け渡しの問題がありまして、うまくいきませんでした。看護師とヘルパーは事業所が家の鍵を預かってくれたのですが、リハビリ事業所から鍵は預かれません、と言われてしまい、継続利用できませんでした。今なら鍵ケースの活用などを考えたでしょうが、その時はアイデアがうかばず断念しました。事業所には事業所の事情があるので、諦めるしかありませんでした。

私がパートでの働き方だったので、母に必要なことは介護保険のサービスだけで賄えました。また介護にかかる費用に関しては、私たち夫婦の生活に響かないようにと考えていました。入院や介護にかかる費用はすべて母の会計で賄いました。私ができることはしますが、仕事をやめて介護だけの生活をする気持ちはありませんでした。母が発病してから一三年間、三〇代後半~五〇代はじめまで、在宅介護を続けたんです。一般的に三〇~四〇代は働き盛りで、誰の人生も一番輝く時期です。でも私は母の介護であたふたしてるだけで、何もできなかったという状態であったならば、母自身も精神的につらかったでしょう。私も介護で自分が犠牲になったと思いたくはなかったので、仕事を手放さず、結果的にはそれでよかったと思います。

デイサービスをやめてから、一人で留守番するしかないという意味は私は仕事をやめてまで、すべての介護を担うことはできないという意味でした。だから高機能おむつのテーナを利用した。仕事の時間は確保させて欲しい、そのかわり仕事以外の時間は家族として、母の世話をする。仕事に出ている時に仮に地震がきて、家が倒壊したとしても運命と思って諦めるしかないと思いました。そんなふうに確信を持てるまでにはいろんな人の意見を聞いて参考にしました。仕事がら保健師、看護師、栄養士などとつながりがあり、相談したり、情報を得ることができたのも助かりました。

――マイケアプラン研究会に入ったきっかけは？

一九九九年に介護保険導入前のプレイベントがありました。在宅での口腔ケアの仕事で関わっていたグループで、マイケアプラン研究会のことは知りました。それまでに医療職とのつながりはありましたが、この研究会には福祉の立場のメンバーが多かった。医療の周辺にありながら、つながりがなかった福祉分野を見るよい機会になるのではないか、面白い活動だなと思って会を続けています。

――在宅介護は不安だらけで、施設入所は不安がないということはないですよね。

介護保険導入前には介護は悲惨というイメージが蔓延していました。介護地獄に陥る家族を、介護保険が救済していくというような印象が流布されました。老人ホームも暗いイメージとして、とらえられがちでした。週刊誌の広告にもがんで壮絶死！　家族介護は悲惨な状況！　などの言葉が踊っていますが、がんが皆壮絶な死になるかといえばそうではありません。がんは余命宣告されるのでそれまで猶予期間があって、私はがんで死ぬのはむしろ望むところと思っています。余命三か月と言われたら、それまで濃密な時間をすごすこともできる。他の病気でＡＤＬの自立が保てない状態が最期まで続くよりは受け入れやすいのではないでしょうか？

失語症になった利用者が家族と会話できず、どんな苦労をして左手で字を書いたり、歯磨きしているか？　無責任な記事を書く週刊誌の記者に言ってやりたくなります。以前お仕事で、右片麻痺の利用者の口腔ケアに入っていて、「左手できれいに歯磨きできてますね。だいぶ苦労されたのでしょうね」とほめて差し上げた時に、ひと筋の涙を流されたことをよく覚えています。身近にいる家族はいつも見ているから、できたことを何とも思わないかもしれない。でも私は大変な努力の末にできるようになったことがわかりました。できたことを「上手にできてますよ」と反応し、ストロークを返すことが本人の励みにもなります。心を動かす魔法の言葉かなとも思いました。

在宅診療を継続していると、口腔は本当に嚥下と関わりが深いことがわかります。高齢になって口から食べられないと本人も家族も本当につらい。口から食べられる間は食べたほうが絶対にいいですね。

――在宅介護を貫き通せない理由は？

まず自分がこの状況の中で何ができるか、整理するべきです。仕事を継続するなら、仕事以外の時間は介護に使う、その覚悟がいります。漠然と思ってるだけではだめで、本当に「切腹」するくらいの覚悟が必要です。覚悟した以上は本気で仕事も介護もやります。一般の方には覚悟が足りず、その場その時で気持ちが揺れてしまっているのです。今日は介護したい気持ちが強くなって介護モードになる、明日は仕事をメインに考えて介護は二の次というようなふうになり、いろんなことが決められない。私たち夫婦は二人だったので夫には主に収入を得てもらう。それ以外のことは臨機応変に手伝ってもらいました。私の愚痴を聞いてもらう人がなかったので、友人に聞いてもらいました。私は家族の機能を（1）本来の家族機能の部分、（2）生活（収入）の部分、（3）家族をケアする部分、と三つに分けて考えて、ケジメをつけました。

母の介護を頼めるとしたら親戚しかいないので、私も夫もそれぞれの覚悟を決めました。中途半端な気持ちでは何年続くかわからない介護はできません。私に何ができるか見極めた上で介護を始めました。できないことは他人に任せる。昼間はヘルパー、入浴は訪問看護師に支援してもらうこと。それによって私の生活と母が家で暮らすことの、大きな負担感が解消できました。今から思うとこうすればよかったと考えることもありましたが、その時は最善の選択と思ってやっていました。その選択がベストのやり方だと思いましたね。何年も寝たきり状態でしたが、床ずれなどはできなかったので、母にとってもよかったと思います。

――食欲などの様子は？

ストマ（人工の排泄口）になってから、咳をしただけでも大腸が出てくるようになったことがありました。仕方なく腸を中に押し込んだりしましたが、一旦漏出すると膨張してもとに戻らなくなってきます。三回目くらいにそうなった時は救急車で搬送しました。医師が同じように押し戻してくれました。対応策をどうにかしなくちゃいけないですね、と言われて看護師は腰痛ベルトの細いようなものをもってきてくれて、それをストマの出口にあてておきながら「こうしたことに使うものではないけど」と、苦肉の策でしのぎました。

だんだんと体調が悪くなり、口から飲み込めなくなっていました。介助しても口を開けてくれません。そして食事をして大腸が動いたら腸の漏出が起こることもわかりました。消化管を動かさないようにしましょうということになった。医師から、(1)中心静脈栄養法、(2)最低限の点滴、(3)食べない、いずれかの方法しかないと言われ、悩みました。

〈看取りの時期〉

結局母の病院嫌いも考慮して、延命的な処置はせず、最後の入院後は抗がん剤などの薬もなにもかもやめました。病院からは緊急時はいつでも入院してもらって大丈夫です、と言われていましたが、看取りは家でと思っているので結構です、と伝えて退院しました。主治医の先生に町内の整形外科の先生に紹介状を書いてもらって、週一回往診にきてもらうようにしました。医療的な介入は何もしない方針で、口からの摂取を一日に六〇〇ミリリットル程度で続けることにしました。ポカリスエットやウイダーインゼリー、ポカリスエットゼリーなどを作って口からゆっくり、とってもらってました。往診時はバイタルチェックのみでしたが、すごくやせて、血圧も60を切っていることがあったり、SpO_2(動脈血酸素飽和度、正常値は九五％以上）も三〇～四〇くらいでした。「生きてますね。大したものですね」と先生と顔を見合わせて言ってました。意識はあいまいな傾眠状態でしたが、最後まで食事は座位で、着替えも朝夕きちんと行っていました。口腔ケアもして、介助をするとそれなりに手足を動かしてくれていました。

最期の日はいつものように先に夕食を食べてもらい、私たちも今から夕食だから待っててねと声かけて、母の後ろから様子を見ていました。肩が上下するので、息をしているかどうかがわかりました。ふと夫に「息してるかなあ？」ときくと、「あかんみたい」との返事なので、母のそばに行くと、こと切れていました。姿勢も崩れることなく、「待っててね」と声かけた時と同じ姿勢で、文字通りに眠るごとく、いい亡くなり方だった。口から入るのが水分だけだったので、おなかはすいていたかもしれないが、苦しむ様子もなかった。退院から2か月半後くらいでした。亡くなったことを連絡すると、病院の先生も長くもちましたね、と言われていました。

父の介護は母が担当しましたが、同じく在宅死でした。家で死にたい、葬式も家から出して欲しい、お墓はここで、と両親は決めていて、それらは皆叶えることができました。棺桶に入る時にはこの着物を着せてとか、三十三か所めぐりの朱印を押した「おいずる」が用意してありました。生前にまわりの人に伝えていたら、遺族が本人の希望通りに後始末などを行うことができるんです。

息子や娘たちには世話にならない、と公言している利用者はいますが、そんなことは自分から絶対に言ってはならない。高齢になれば、必ず誰かを頼らなくてはならなくなるんです。子どもに負担をかけると思わずに、支援を求めて欲しいですね。何かを伝えていても先がわからない時代だから、少なくとも身内に伝えておかなければ、なおさら本人の介護や医療に対する気持ちはわかりません。伝えておけば息子の嫁でも誰でもそれを覚えているものです。親が困っていてもSOSを出さなければ、子どもはその困りごとに気付いてくれません。

一般の方は認知症のことや、高齢化の問題にあまりに関心がないですね。私の子供の頃には今よりも身内同士の助け合いの精神が濃かったと思うのです。親戚の叔母さんの面倒を看ていたりした記憶があります。夜中に医師を呼びに行ったり、危篤だからと枕元に呼ばれていったこともありましたね。

――今はどちらかというと医療的ケアが主体となって、人は誕生も死も遠巻きにみている状態ですね。

試験合格後、ケアマネジャーの実務研修時にケアプランを作るワークをやりました。その時も、ケアマネジャーが作ったケアプランで利用者の人生を決めてしまうのかと思うと、何だかこわくなりました。ケアマネジャーの発言一つで、その利用者の老後が決まってしまうような責任の重さは担いきれないなと思い、ケアマネジャーに私は向いていないなと思いました。だから五年ごとの更新研修も受けていません。

介護保険の利用方法などは情報として専門家から提示してほしいが、サービスを決めるのは利用者です。マイケアプランのやり方はとても有用です。ただその時でも覚悟が必要。介護でもそれ以外のことでも、自分からすれば正しいことでも、他人から見ると間違いじゃないかと思うこともあります。一〇人のうち九人が間違いといっても、自分はこれでいい、という確固たる信念が必要だと思います。

老後になっても今まで貫いてきたことは曲げたくないですね。柱にしがみついても、私は家にいたいと思います。自分の骨は両親と同じお寺の納骨堂に入れてほしいとも考えています。

――介護保険制度について感じたことは？

介護保険サービスを理解しづらくしている一つに加算のことがあります。付けても、付けなくてもどちらでもよい加算があります。加算の理由や意味の説明責任が、事業者にはあるはずなのに説明できていない事業所も多い。施設側、事業者側は不利になることはほぼ言わないですから、不必要な加算が付いていていた場合は、利用者は結果的には損になります。また利用票だけを見ても、何の加算か利用者にはわかりにくいものです。

私の場合は訪問看護の利用だったので、「緊急時訪問看護加算」が付いていました。訪問看護事業所に尋ねると、それは夜間などに不安や相談があった時に相談に応じます、というもののことでした。ただそれだけのことなら、救急車の利用で間に合います。自動的に加算がついているようなものなので、たいした意味はないようです。不要なので、付加しないようにしてもらいました。そんな疑問もマイケアプランをやっていたからこそ、気付いたことです。

加算の意義がまったくないとは言えませんが、資格保有者の割合が何パーセントというような加算は人手の量だけを問題にして、質は二の次にされている気がします。そもそも資格と人間性は一致しません。職員の質が問題にならないなら介護の質とは関連しないわけですし、利用者にとっては意味がない加算ですよね。

――今はないサービスで、あればよいと思えるサービスは？

訪問看護事業所からのアンケートに「介護者へのケア」のことが書いてありました。介護の期間中、私は仕事で外出する機会があり、社会とのつながりがありました。でも、介護のグチを言える人がいない、または介護だけで煮詰まっている方への社会のフォローはありません。国会でもそのことは問題になっていますが、介護者へのケアは制度になっていません。介護者の会はあちこちにありますが、それぞれでいろんなカラーもありますので、自分は参加しませんでした。いつも集まって愚痴ばかりいうのもなあとも思いました。逆に介護と関係のない人に会って、社会の風を感じたいと思います。いろんな人がそこにいて、介護者する人が気軽にしゃべれる場所が欲しい。介護者の会は色でいうと一色のことが多いですが、もっとカラフルな色があり、いろんな人がいてほしい。

夜、母を寝かせてから映画館に行くのを楽しみにしていました。母が寝る前だと気が落ち着きませんが、遅い時間に喫茶店へ行ったり、ナイトドライブをするのが息抜きでした。映画館は一人でも行けるようになりました。女友だちが誘ってくれるような時間では食事などに行けないので、遅い時間に蛍を見に行ったことも思い出の一つで、病人の顔の見えない時間も私には必要でした。

――福祉サービスのレベルはどの程度？

訪問看護師は皆明るい方が多かったです。暗い感じの人はいなかったです。当然質の差はありましたが、看護のレベルに差があっても明るく母に接してくれたらいいと思っていました。悲しいことがあっても、明るい顔をしているとまわりも明るくなりますし、こちらも嬉しい。部屋も利用者も明るくしてくれて、笑顔が返ってくるほうがよいですよね。幼いころから「心に太陽を、唇にうたを」（フライシュレンの詩）を座右の銘にしているんです。

――お母さまとのエピソードは？

特別に覚えているのは「ありがとう」と言ってもらったことがない点です。一回も言わなかったので、はっきりと覚えています。仕事で出会う高齢者からは「ありがとう」と言ってもらえるのにね。心のすみでいつも「ありがとう」の言葉を期待していたように思います。

多発性骨随種の診断がついた時の病院では「お世話になりました」と夫に五万円差し出して「ご飯でも食べてください」と言ってくれましたが。子どもは親の面倒をみるのが当たり前と思っていたようです。何も言わなかった裏には、自分が重い病気をして、娘に苦労をさせてしまったことが、母にとっては言葉にならないつらさであったのではと思います。

――最期の晩餐の希望のメニューは？

大きな鍋で一時間ほど煮込んで炊いた母のにしん茄子を食べたい。干物のニシンとまるごとの茄子で甘辛く炊く料理です。私が作っても、母の味には近付けない。現実的なものとしてはいちじく。おいしいおにぎりとデザートにはいちじく。年をとると懐かしい味を懐かしむ気持ちが強くなりますね

6　専門職から見た介護保険の課題とつながりが生かせた母へのサポート

前田千津さん（群馬）

前田さんは主任ケアマネジャーとしてのお仕事の傍ら、全国マイケアプラン・ネットワークの会員としての活動もされています。この間、体調を崩されたお母様のケアプランを自然な流れで作られたこと、介護保険について感じておられることなど伺いました。

――お母様のケアプランの支援の様子からお聞かせください。

別居している母の調子が悪いことを、担当地区の地域包括支援センターの職員から聞きました。母の自宅を見に行くとすでに玄関には（使い勝手が悪そうな）据え置き式の段差解消の福祉用具がありました。もの忘れが気になると職員にいうと、受診をすすめられ、認知症疾患医療センターへ行き、簡易式の認知症心理テスト〝長谷川式スケール〟の点が悪く出ました。母は緊張するタイプなのでうまく答えられなかったのでしょう。「認知症」とされて、早速にアリセプト（認知症の進行を遅らせる薬剤）が処方されていたのです。私は母の体の状態を知っていたので、認知症ではないとわかっていましたが、医療者の対応の拙速さに、びっくりしました。

八五歳を過ぎた頃から近所の方、親戚もだんだん亡くなっていき、人とのかかわりが減り、遊びに行くところがなくなっていたのは事実です。人間関係が縮小して、精神面が不活発になっていたというのが、実状なのです。また孫や子どもが母の家に寄った時に「また忘れてる」とか、「前も言ったじゃない」と咎める口調の会話になることが多かったこともあります。「そういう言葉を家族が言ってはいけないの」というと「福祉のプロじゃないからわからない」との返事です。ある程度の年齢の人に「忘れた」ことを「また忘れた！　忘れている」と騒ぎたてるのはよくないことは、福祉の仕事をしてなくてもわかることではないかと思います。

すでに要介護申請は地域包括支援センターの職員が行っていて、要支援2が出て、サービスの紹介もされているところでした。ケアプランは私がやりますと、担当の地域包括支援センターに伝えました。母の家は私が仕事でかかわる担当地域ではないですが、センターの職員は仕事でも始終顔を合わせている間柄ですので、特に問題はなかったです。市役所でもまったく問題なく、マイケアプランをさせてもらいました。

デイサービスをすすめられたという母に「こんなからだの状態なのに、デイに行きたいの？どんなところか知っている？」と聞くと「知らない」というのです。地域包括支援センターの職員から、説明もないまますすめられて「行く」と言っただけのようです。本人は何をしたいかわからないのです。「九時半から四時まで一日いるところなんだよ」と説明しました。母は三時から五時くらいまで行くというので、そんな短時間の利用のところはないと伝えました。母は孫が仕事でいない間だけ、利用するつもりだったのです。

閉じこもり状態だったので「たまには外へ遊びに行こう」とよく出かけた公園に連れだしたり、スーパーへ行ったりしました。今までは新聞や雑誌をまめに読む、文字を読むことが好きな人だったんです。すると小さなカン違いなどもなくなりました。母にあらわれていた「認知症」症状は生活不活発状態からの一時的な症状でした。身近にいる者が、こういう普通の関わりをもてばよいのだなと思いました。筋力はかなり低下していたし、円背というほどでもありませんが、姿勢がうつむき加減になってしまって、転びやすい状態ではありました。

そうこうしている間（一年くらい）、今年一月に脳梗塞が起きました。そんなに重症ではなかったので、一〇日くらいの入院でよくなったのですが。もう治療はおおむね終わりなので、病院から帰宅してもいいですと言われました。でも家の環境面も整ってないので、「回復期リハビリか維持期リハビリの病院に転院できませんか?」と相談したら、医師が怒ってしまって、そのまま退院となりました。仕方なくソーシャルワーカーに依頼して、療養型病床へ転院手続きをし、リハビリを二か月くらいやってもらいました。

だいぶ身体状態がよくなり、姿勢もよくなりました。立つことも大変でしたが、料理も作りたいということなので、調理のリハビリもやってもらいました。仕事上、専門職とのつながりがあるので、細かいオーダーができて、人間関係のありがたさだと実感しました。

——仕事でのかかわる利用者と肉親の介護の違いは?

仕事上では利用者のニーズを聞き取ってはいますが、利用者の本当の細かい部分は正直わかりません。しかし実の母親であれば、性格や生活スタイルがよくわかります。その上で本音の話ができるのです。自己作成のメリットは、まさにそこです。

本人のやりたいこと、やりたくないことがはっきりわかっているので、本当に必要なことをサービスに組み入られる。それが生活を作ることなのです。普通のケアマネジメントだと、ケアプラン作成、サービス実施までは専門職が段取りしますが、生活面のことは利用者任せになってしまいます。往々にして、福祉サービスと生活がうまくリンクせず、かみ合わないこともあります。

——退院後の状況は？

母の住んでいる団地には、濃い近所付き合いがあり、まわりが気遣ってくれています。また豆腐屋さんが巡回で売りにきて、玄関にメモとお金を置いておくと、商品を置いて行ってくれたりする地域なのです。

家の環境整備ができて、五月の連休明けに退院しました。その後、自分では食事も作れないし、米飯が飲み込みにくかったりなど、嚥下の問題がありました。誤嚥したら、吐き出す力も弱い。おかゆを作る必要がありましたが、同居している孫は男なので料理ができません。仕方がなく私が仕事後、車で四〇分かかる、母の家へ寄って夕食を作り、食事をしている様子を見ながら、翌日の朝・昼食を用意しました。別居介護の往復生活を自分で経験してみて、介護者が食事の用意に苦労するという意味がやっとわかりました。コンビニ弁当でもいいのではと思っても、そもそも栄養状態もよくなかったから、食べられないのです。食事の支援は、本人の状態に合わせる必要があるため、一番難しいと思いました。

下痢をして、食事が食べれなくなった時がありました。体調を崩して三日目くらいになっていても、食べたいけど食べれないという。コンビニのおにぎりやメイバランス（市販の濃厚流動食）をすすめました。翌日になって、おなかがキリキリ痛むというので、病院に行ったら、胆のう炎でした。今も病院に入院しています。ずっと点滴が続いていて、やっと粥食が食べられるようになりました。

やはり食事作りが大変で、難しかったです。配食サービスも三食調達することは無理です。ヘルパーが来て調理する以外に、使えるサービスがあればいいと思いました。

――お父様の看取りはどんなご様子でしたか？

他界した父は、サービス付き高齢者住宅で最後を迎えました。母が在宅介護でクタクタになってしまったのです。父が病院に入院しても、毎日病院に見舞いに行く。病院からも来なくてもいいと言われるくらいだったのですが。そんな有様で、疲れてしまったようです。母は在宅介護を続けたいようでしたが、「施設入所は介護しないことではない。今まで十分やったんだから、これからは自分のやりたいことをやったら」と母にすすめて、入所になりました。友達が運営している事業所で、父は注文が多くて、ナースコールを手放さないけど、よろしくと頼んで入所しました。福祉の仕事をしている関係で、横のつながりがあり、情報共有もスムーズにでき、受け入れてもらえました。

――今どきの病院事情については？

病院のソーシャルワーカーや看護師も、実は介護保険のことをよく知らないのです。「退院支援ナース」もいるのですが、院内でも他の部署と連携はとれていません。地域連携室にもソーシャルワーカーがいるのに、つながってない。医師も介護保険制度をわからないまま、入院して二日目くらいに、認定の申請をしなさいという。でも最近は窓口で、認定率を下げようとして、申請そのものを受理してくれない場合もあります。

申請が必要ない人は申請させないような方向性になっている。ケアマネジャーの代行申請の場合、それほど細かいアセスメントはできていないのが実情ですが、「いつくらいからサービス利用ですか」「どんな状態の方ですか」とこまかく聞かれるのです。すぐ利用しないなら、利用開始の時に申請してくださいといわれたりしています。利用者もともかく申請しておこうという気持ちもわかるのですが、実際使う時には状態が変わっているので、どっちみち変更申請になります。

実際のサービス利用時は誰でも年金と家族が出せる金額で限度を決めて、その金額におさまるようにケアプランを組み立てます。要介護2だと、老人保健施設のユニットケアで強化加算がつくと、二割負担では二六万円くらいになってしまいますね。ケアプランを担当している一割くらいの方は二割負担該当者になっています。

――非専門職のケアプランのほうが原則通りのようですね。

マイケアプランをやっている家族のほうが、専門職よりしっかり制度などを勉強されていると感じます。給付管理票には、自己作成・事業所作成の選択肢があります。だから本来、自己作成は制度上、認められているものです。最初からケアマネジャーを選定して、任せるという流れにもっていくのはおかしいですね。

平成三〇年度から本格導入の新総合事業で自己作成が認められないとなると、本当に自己作成者がいなくなってしまう可能性も考えられます。もう少し自己作成のメリットをはっきりと打ち出せればいいのですが。利用者側の意識を変える必要があるのですが、一般の方は制度に関する知識がないからという負い目があります。マイケアプランは、新聞記事（最近では「日本経済新聞」二〇一六年一月一四日付夕刊など）にも取り上げられるなどして、注目されているので、自己作成をするのが当たり前という風潮になってもいいと思うのですが。

自己作成も本人作成でできない場合、家族でも作成できます。以前、M市の地域包括支援センターにいた時、NPOで支援している職員が来て自己作成すると「いくら出るのですか？」と聞いてこられました。「自己作成支援」をすると、サービス計画書作成料が本人に給付されると誤解している、事業所もあるのです。正しいセルフケアプランの情報を提供していく必要がありますね。

――マイケアプランの普及については？

最近の介護保険は制度が複雑になりすぎて、自己作成に向かなくなっている様相です。ケアプランも自己作成なら特に決まった様式はないので、全国ケアプラン・ネットワーク発行の自己作成支援資料「あたまの整理箱」を参考に使うことをすすめたりします。どういうケアプランの様式でという参考資料がないのです。自己作成の手続きの流れは、利用票を作って持参してくださいと、今までは利用者に説明できたのですが。

今後、自己作成であっても担当者会議もやりなさい、ケアプランを付けて下さいと行政から言われると利用者の負担が大きく、大変になります。独自の簡易な方法を考えていかないといけないでしょう。受付をしている行政職員も、ケアマネジメントの流れをよくわかってないところがあります。

一部の自治体では、自己作成はわがままな方がやっていると捉えられています。マイケアプランを実践すると、制度がよくわかり、介護保険のからくりやお金の流れもわかるのです。が、一般の高齢者は介護保険料を払っているのだから、使いたい時に制度を使えないのはおかしいと思うのが本音です。

私もマイケアプランを普及しようとして、地域の民生委員などを集めてワークショップも行っています。全国マイケアプラン・ネットワーク代表の島村さんにきてもらって研修をすると、考え方はわかっていただけるのです。民生委員さんクラスだと内容の理解も大丈夫ですが、一般市民の方はケアプランを考えたりするグループワークで発言したり、サービスの回数がどうなのかと考えるのも難しい様子ですね。マイケアプランを前に進めるか、横に伸ばすかしないと、せっかく積み重ねてきた活動がもったいないです。もう少しいろんな人にマイケアプランを広めたいものです。

現在の会員にはやはり、ケアマネジャーが多いです。全国マイケアプラン・ネットワークにも専門職以外の一般市民の方が多くなれば見方が違ってくるかもしれません。介護は実際にやったことがないと、具体的にわからない方が多いですね。府中市は行政が積極的にマイケアプランをすすめてくれているのです。保健師もケアプランを勉強して、熱心にすすめてくれていました。それは全国マイケアプラン・ネットワークの代表：島村さんの力が大きいですね。

余談ですが、福祉の仕事をしていると、プライベートがなくなってしまいますね。仕事が生活になってしまう。自分のために時間を使うのは一年に一回くらいで、私は宮古島へ行ってリフレッシュしています。そこでぼうっと過ごしています。ただそこにもケアマネジャー仲間がいるので、ついでに研修をやったりするのですが。島だから何かあっても急には帰れないですが、それでも仕事の電話がかかってくることもあります。

——利用者は本当に事業所を選べていますか？

最近受けた利用者からの相談ですが、サービス事業者やケアマネジャーを変えたいというのです。話を聞くと新聞店の集金を担当している人が、たまたまデイの送迎やヘルパーの仕事もやっていて、その人が所属している他市の事業所、他市の併設の居宅支援事業所を紹介されて、利用しているのです。事業所が遠いので、ヘルパーなどが来るまでに五〇分かかる。訪問する担当ヘルパーから時間がかかるからやめたいと利用者に言ってくる。デイサービスも遠いから、朝の送迎時間が早いという。遠いから時間を遅らせることは無理といわれた。

思いあまって、ケアマネジャーに「では施設を紹介してください」というと、自分で探してくださいと言われたというのです。「どうしたらケアマネジャーを変えられますか?」という相談でした。地域包括支援センターの立場としては、居宅事業者との間に入って、そのケアマネジャーに何かをいうことはできません。本人から、サービスをやめたいといってもらうしかありません。

利用者の意思を尊重しないケアマネジャーがまだ多いので、その質が問題視されるのも致し方がない状態ですね。

――「ケアマネの常識、世間の非常識」という実態があるようですね。

ケアマネジャーの受験時には一〇種類の書類を提出してから、申込みが完了します。もし一つでも書類が抜けていたら、○○がそろってないから、出してくださいと受験センターから連絡があるのです。普通どんな試験でも、一枚でも書類が不備だと不受理となりますね。実務研修を受ける時にも、提出時に書類がそろっていないと待ってくれるとのこと。おかしい、手厚すぎないか?というと、国が出しているガイドラインには、なるべく受験者・受講者をフォローしなさいと書いてある、との返事です。

主任ケアマネジャーに対する更新研修も始まります。一般のケアマネジャーも、試験に合格した後、三か月間に八日間くらい研修期間があります。合格者は福祉現場の仕事を継続しながら、研修に出ることになります。その研修で仕事を抜けるのは困ると、介護の職能団体から苦情が来るのです。現場の仕事が回らないためです。

主任ケアマネジャーの更新研修を受けてないと、事業所加算がとれません。だから事業所は受講させるのに必死でシフトを組んでいます。なので研修に出席するのがきびしいから、Eラーニングにしてくれないか、などと要望もあります。事業所のトップがそんな考えだから、受講する方も出席だけしたらよいという考えになりがちです。研修中、ずっと寝てるケアマネジャーもいるくらいです。出席はハンコを押しての確認だけになっていますし。このような状況でケアマネジャーの質が悪いと言われていますす。今年度から研修時間数も二倍に増えるのですが、時間を増やすだけで質の向上に役立つのでしょうか?

――地域のボランティア活動の状況は？

活動は不活発ですね。ひまわりの会という組織があり、買い物送迎一回百円でやっていたりはありますが。同じ地域でも地元の方が在住のところ、市営住宅があって外部からの流入者が多いところとまったく様子が違います。外から引っ越して来た人は自分のプライバシーには、触れてほしくないのです。親戚関係での結び付きが強いと外の人間は入っていけないですし。これから人間関係を作っていかねばならない。高齢者の居場所が必要などと言うが、そんな必要性がないところもあります。

――日々の業務で感じておられることは？

ケアプランの作成料金を利用者に求める、一割負担案は反対され、今もプラン作成料は無料です。介護保険はサービスを使う際、サービス利用票・提供票が必要で、ケアプラン料が発生する仕組みです。サービス提供票・利用票にはプラン料の欄はなく、無料なのでどちらにも載せられていないのです。給付管理の際、月末の突合では、両者がないと困りますが、ケアプラン一割負担が実現すれば、ケアマネジャーが動いたなら実績が残り、請求可能だという考え方も受け入れられるかもしれないです。

極端な場合、在宅サービスのプランを組み立て、さあ今からサービス開始という時にまた入院、となってプラン料金が入らないこともあります。努力が無駄になる。私は一割徴収することには問題ないと思う。プラン料として一割徴収されるなら介護保険サービスはいらない、というならばその利用者はサービスを使わなくても生活ができているので、問題ないのではとも思います。

介護保険の利用も一生続くわけでもないです。必要な時は使って、いらない時は休止すればよい。ケアマネジャーが担当していると、必要性が低くなってもずっと続けていかないといけないような雰囲気になります。

行政が丸投げしなかったという意味では、措置（福祉サービスの相談支援などを行政側の権限で行うこと）のやり方にもよい点はあったと思います。行政が責任を持って面倒をみていました。介護保険になってからは、行政が責任を持って地域包括支援センターを運営するとなっているのに（国と地方公共団体が責任を持つのが原則）、今は委託先に運営が丸投げになっています。

介護保険の最初のころは、行政がきちんと判断していたところもあります。市が決めた、県が決めた、というと利用者も納得するところがあるのです。ケアマネジャーが同じことを言うと「なぜあんたにそういわれるのか？」となることもあります。前のケアマネジャーはやってくれたのに、とまで言われたりして、くやしい思いをすることもあります。

――どんな年代の方も自律した生活をめざしていきたいですね。

老後の生活は丸投げしないことが大切。「尊厳の保持」は医療や福祉の専門職の役割といわれますが、本来は自分で守るものではないでしょうか。それを他人が守るなんてことになるので、ゆがんでしまう。自分の尊厳すら丸投げしているように思えます。サービスの相談の時も「なんでも結構です」といわれてもケアマネジャーも困ります。自立している高齢者もいるが、何にもしないでケアマネジャーに任せてしまう方もいます。「困った、困った」というばかりなんです。

本当に体が動かなくなった場合には、福祉に携わる職員が利用者の尊厳を代わりに守ることになるのは当然です。寝たきりの方でも尊厳がある。そういう方が今まで通りの生活を続けられるように考え、快適に過ごせるように配慮するのが役割。尊厳を守ることは容易ではありません。利用者の面倒を一生みると公言するケアマネジャーもいますが、実際にはそんなことはできません。

これからの高齢者は自立志向の方、依存傾向の方と両極端に分かれるでしょうね。制度に詳しい方が増えて、保険料払っているのになぜサービスが使えないのだという方も出てくるでしょう。今後はサービスを切っていく方向性が打ちだされています。保険料未払いの方が増えているという報道もあります。すると年金などの差し押さえがあるのです。介護保険を使っていないのに、財産差し押さえはおかしい。保険料未納のペネルティのため、サービス利用時に三割負担の方も多くなっている。財産を差し押さえられると生活できないですし、年金を差し押さえされたら介護保険も使えない。また生活保護に移行するともっと国のお金がかかる。元気で過ごせる人はいいが、使わなくても生活できると思っていても、いずれ体力が落ちてきます。介護サービスを使わねばならないのに使わないと、結果的に利用者の状態は重度化します。その方がよほど問題と思うのです。

(新総合事業で近所同士でたすけあいと言われるが)郡部では近所の方に支援など頼みにくいでしょうね。家に顔見知りの方が入ってこられると、近所の噂話の種になることを、危惧するという一面もあります。逆に今まで通りの助け合いでやってきた地域もある。行政職員は全国一律に同じ考えを押し付けようとしますが、北海道から沖縄まで画一的に日本の各地域を考えることなどできないでしょう。

7 施設から在宅介護へ、里子の子どもたちも支えてくれた姑の介護

沖ゆみ子さん（京都）

沖さんは、一度施設に預けた義母（夫の母）を自宅に引き取って、その後十年介護されました。自宅では里子の世話なども同時にされていたとのことで、どんなご様子だったのか、マイケアプランのことファミリーホームの子どもたちとの生活のことを伺いました。

――義理のお母さまの介護を一〇年間されたということですが、介護が必要になってきたころの様子からお聞かせください。

義母とは、ずっと同居していたのですが、私の下の子が小学校高学年くらいの時に認知症の症状が出始めました。義母が七五歳くらい、一九九〇年頃のことです。私は保育士の仕事をしながら、家でずっとお世話をしていました。だんだんと身の回りのことができなくなることが増えたり、迷子になったり、というようなことがあり、仕事と介護の両立は難しかったので施設入所を考えました。

福祉の窓口に相談に行き、しばらくすると大阪市の特別養護老人ホームに今なら空きがあると、電話がありました。今から考えたら、施設入所するほど重い認知症の状態ではなかったのですが、「今空き

がある」と言われて、断ると次はいつになるのかと思って、入所してもらいました。正職員の仕事をしながら、認知症の義母の在宅介護をするのは無理でした。

入所中は特養のいろいろな行事に、できるだけ参加しました。その時に驚いたのは、トイレに連れて行っても、うまくできないことでした。トイレでの当たり前の動作がうまくできなくなっているのを見て、ショックをうけました。

自宅に外泊したこともありましたが、ある正月にはふとんにつまずいて骨折しました。義母の足はみるみるはれてきたのに、骨折の痛みをあまり感じていないことにも驚きました。面会に行くたびに状態が悪くなっていくことにも心が痛みました。施設の方は面会に来てくださいと言われるのですが、見に行けばつらい思いをします。施設に入所して、身体の状態はよくなったということがなく食べる面でもはしが使えなくなってきたり、言葉もだんだん出なくなってしまいました。その特養にいた間、介護度が高くなって、寝たきりになり、気がつけば一〇年が過ぎていました。

――当時の特養の様子は?

介護保険が始まる前の施設は質がよいとは言えませんでしたね。トイレには紙がなかったり(認知症の方の行動障害で紙の紛失などが多いと、はじめから紙をおかない施設もある)、服も施設からの支給品を着せられたりもしていました。

家族として、いろいろ言いたいことがあっても言いにくいのです。預けている身としては、負い目がありますから。「だったらおうちで介護しなさいよ」と反論されそうで、声には出しにくかったです。

当時はそういう雰囲気でした。施設の介護者・家族会の中でも、施設の介護のことはあまり言えない雰囲気。入所できただけでもありがたいでしょう、という空気がありました。

在宅で介護している、もっと大変な方もあるのは事実です。ただ施設では当時、ちょっと暴れたりすると、拘束されている入所者もいました。かわいそうと思いますが、施設側からは転落して骨折する可能性があると言われる。動けるほど元気な方は、ベッドなどに縛られていました。いたましい光景でした。

——自宅に戻られるきっかけは？

京都に引っ越して、一部屋余裕ができたこともあり、義母を引き取ったのです。別の見方からすれば、寝たきりになったから、引き取ることができたのかもしれないですね。介護ベッドを設置して準備しました。その時は口から食事は食べていましたが、食事からなにもかも全介助の状態でした。

——里子のお世話もあって、お忙しかったでしょうね。

物理的には忙しかったですが、認知症がだいぶ進んでいたので、必要なのは身体介護の部分だけでした。時間的には制約はありましたが、十分に介護ができているという満足感はありました。

最初はケアプランをケアマネジャーに依頼しましたが、サービスの調整でうまくいかないことがありました。自宅に戻ってからはショートやデイサービス、訪問介護、訪問入浴といろいろなサービスを使っていました。いろんな事業所を使っていると、当然質の違いがありますよね。人気のある事業所は定員がいっぱいですと言われて、なかなか利用できないのです。ケアマネジャーはそういうけれど、本当にそうなのかわかりませんし、説明がきちんとなされていなかったりすることもありました。

義母の場合は自分の意見が言えませんから、私が代弁しなくてはいけないという思いもありました。本来、家族の介護負担を軽減するためにサービスを利用するのだから、きちんとした事業所を紹介してほしいと思いました。けれどもショートから帰宅すると靴下がなかったりなどしても、何の説明もなく質が悪いとしか思えない事業所だったこともあります。

そんな時に地域の介護者の会で知りあったマイケアプラン研究会の役員の方から、ケアプランが作れることを教えてもらい、家族でもプラン作成ができると初めて知りました。同時に、マイケアプラン研究会の活動も紹介してもらったのです。話を聞いて、自分で調べてサービスを利用した方が納得できるのではないかと思いました。担当のケアマネジャーには自己作成の制度があるので、「私がやりますから」と連絡しました。それ以来、義母の最期まで五年間ほど、マイケアプランを実践しました。

――マイケアプランへの自治体の対応は？

最初、対応してくれた職員に、書類を持っていくと、「これは違う」と返却されたりしました。何度かやりとりして、人間関係ができてくると、いろいろと教えてくれるようになりました。最初、窓口の職員は「なんでこんなこと（自己作成の支援）をしなきゃいけないの？」という態度でしたが、だんだんコミュニケーションもとれてくると、親切になってきて、書類作成を手伝ってくれました。

マイケアプランになってからも、サービスは継続してさまざまなものを使いました。ケアマネジャーを通さず、事業所と直接やり取りをすると、顔が見える関係になってよかったです。サービスを使うたびに契約をする必要もありましたが、それは以前と同様でした。

確かに手間はかかりますが、書類を持って区役所へ行き、細かいやりとりをして、行政とも連携が取れたのもよかったと思います。介護保険制度のこともよくわかるようになりました。

――マイケアプランに切り替えてからの、事業所とのかかわり方は？

事業所に問い合わせをして「利用できません」といわれたら、直接なぜですか？ と聞きました。説明もきちんとしてくれました。例えば、胃瘻になって以降は、胃瘻の方はショートでは受けられませんと言われる事業所がありましたが、別の事業所では胃瘻でも大丈夫ですと言われることもありました。自分でいろいろ探して、隣市の事業所を利用したこともありました。

各種のサービスを利用しましたが、介護保険の限度額いっぱいまでは使いませんでした。訪問入浴などは提供時間中、家族がその場にいないといけないので、負担の軽減にはならず、適宜ショートなどのサービスを使いました。福祉用具もいろいろ活用し、食事は途中から胃瘻になったので、私が介護したのは、たんの吸引やおむつ交換だけです。清拭はヘルパーに依頼していました。

家族としては、必要最小限のことしかできなかったかと思います。ただ家で生活していることは義母にとってよいことだと思っていました。絶対家にいたほうがいい。施設での一〇年より在宅で介護した一〇年のほうがずっとよかったと思っています。

在宅介護中、入院も何度かありましたし、最期はショートステイ先で肺炎をおこしたのです。こんな状態では家に帰れないよ、と言われて、そこで亡くなりました。九五歳の誕生日の少し前でしたから、天寿を全うできたと思います。

――介護中の負担感はいかがでしたか？

義母の介護度が高くなって、だんだん弱っていくことを見るのはしんどかったです。本当に状態が悪くなったら、家で最期までも見れるのかなと不安に思いました。結果的には、ショートステイ先で亡くなりましたが。子どもは成長して巣立っていきますが、高齢者は逆だから精神的にはやはりしんどい思いもありました。往診の先生も在宅死を好まないような雰囲気でした。先生が不安がる思いに、知らず知らず影響されました。私は六〇歳になってから介護を始めたので、一〇年はやはり長かったですが、在宅介護ができてよかった、という思いはあります。

――特養と在宅での生活の違いについては？

自宅では、生活の中で自然と介護をしているという状況でした。

施設での一〇年は、義母にとってはきつかったと思う。京都の生まれなので、「京都に帰っていくよ」と話しかけると車中で泣いていました。そのことは忘れられませんね。義母は兄弟の末っ子で、その時には七〇代の姪御さんしか残っていませんでしたが、施設に見舞いにも来てくれた。自宅に戻ってからも来てくれて「ねえさん、ねえさん」と声をかけると、顔がわかるのか、顔を嬉しそうにくしゃくしゃにして、答えていました。認知症がすすんでも、そういうことはわかるんだなと感じました。「おおきに、おおきに」と、私には感謝の言葉がありました。

――施設入所されると、めったに退所する方はないので、よく決断されましたね。

でも施設に預けたことは本当にくやまれます。最初の三か月間は「いつ迎えに来てくれるの、帰りたい」と毎日のように電話がありました。私も認知症に対する知識もほとんどなかったですから、対応にとまどいました。

――里子さんの世話と義母の介護の両立は？

義母が存命の時に、ファミリーホーム（小舎制で子どもを家庭の中で養育する事業）を自宅で始めました。

里子たちには義母の存在がとてもよかったんです。義母の部屋にテレビを置いていたので、子どもがそこに集まっていて、義母の呼吸が荒くなったりすると、「おかしいよ」と、自然に教えてくれるのです。子どもの中に世話をする「空気」が生まれていたのです。子どもが何かをするということもなく、私が頼むこともなかったのですが、自分から食事介助をしてくれる子もいました。子どもからすれば、お人形さんの世話をするような感覚だったかもしれません。戻ってきた当初はまだ嚥下状態が悪くなかったので、食事をぱくぱく食べてくれていました。肌もつやつやできれいでしたから、子どもたちも「おばあちゃん」と呼びかけ、顔を触ったりして、自然と触れ合う機会になっていました。

義母はずっと寝ているので、その布団の中に潜り込んだりもしていました。暮らしのその場にいるので、自然なかかわりができていったのです。子どもは身近な高齢者に対しては、負の感情をもたないのです。義母も子どもの声や気配を感じてさびしくなく、どちらにとってもよかったと思います。子どもたちも介護に、意図せずにかかわって、協力してくれました。里子がいることで昔の大家族、三世代同居家族の形になっていたのです。

また、子どもにとっても義母の存在が逃げ場でもあり、癒しにもなっていました。里子の中でも夜間街を徘徊したり、いろんな問題を起こした子が「おばあちゃんに会いにきた」と言って訪ねてきたことがありました。もう独立した生活を送っていましたが、「○○（自分の名前）だよ、おばあちゃん元気？」と言いながら手を握ったりしてくれる。そんな優しい気持ちがあるなら、その子も大丈夫と思いました。義母とそんなにかかわりもなかったのにと思いましたが、この家庭の中に義母の存在がしっかりとあったから覚えていてくれたのかもしれません。

私たちも義母がいて教えられたこともあり、その存在は大きかったです。子育てする中でも義母の力の大きさを感じました。

――一〇年間の介護を振り返ってみて、どうおもわれますか？

いろんな人が出入りして、さびしくなかったですよね。一〇年間、平行して里親の役割もしていたので、全然負担にはならずに介護ができました。かかわる人数が多ければ、大変なことも乗り切れるんだなと思いました。もし一人で介護していたら、煮詰まってしまい、虐待やネグレクトになってしまうのもわかります。

義母はいつもみんなから見えるところに寝てもらっていました。在宅介護を始めて五年たってよく頑張ってくれたなと思ったら、九〇歳の時に肺炎で入院。認知症以外には病気もなく、元気になって家に戻れたんです。ただ誤嚥のリスクがあったので胃瘻になりました。家で生活しているからこそ、安心感があり、元気になりたい気持ちになれるのですね。

在宅介護も大変なことばかりではなく、とてもいいなと思いました。ただ誰もが条件に恵まれるわけではないですが。それでも、サービスを組み合わせて使うことで乗りきれるのではないでしょうか。夫も母が家にいたことで、安心感がありました。

また、同じ担当ヘルパーが来て親しくなってくると、打ち解けて話ができ、介護の愚痴が言えたのも私にとってはよいことでした。ヘルパーさんからは、介護のちょっとしたコツ、アドバイスがあり、役立ちました。体位や向きを変える時も、体の下にバスタオルを引いて引っ張ると、楽に動かせることも教えてもらい助かりました。一人で介護していると出てこない発想でした。おむつ交換もコツがわかれば、一〇分もかからずにできるようになりました。介護職・里子などの協力もありましたが、義母の介護をする私の姿を見せることで、里子にもいい影響があったと思います。

――ファミリーホームについても、お聞かせください。

保育士の仕事を続けてきて、里親の仕事もする中で、もっと子どもたちにかかわりたいという思いから、夫の協力を得て、自宅でファミリーホームをやることにしました。今、在籍しているのは一四～一九歳の子ども五名です。

このような支援制度を国は推進しようとしているということも含めて、子どもへの福祉サービスは昔と比べれば良くなっていると思います。ただ支援が厚くなった分、子どもの側に「支援慣れ」という状態がでてくるのが気になります。子どもに就職のあっせんもしますが、やってもらって当たり前、当然という意識があり、自分でなんとかしようという思いが薄い。辛抱しない、我慢強さがない。その力をどこからつけてもらえばいいのかと悩みます。

かかわっている子どもは、全体的にコミュニケーション能力が低い。しゃべってはいますが、自分で考えてしゃべれなくて、こうしたいという意志表示ができない。質問に対しては、はぐらかしてしまいます。日常生活の中でのしつけの場面でも「なぜ片付けができないの」と言っても、黙ってしまって、答えられないのです。

自分の実子だったら、感情的に叱ったとしても、気持ちをくみ取るということができますが、他人の子にはそうはいきません。だから何かあった時には、個別に呼び出して、ひと呼吸をおいて話します。時間をちょうだいとあらかじめ、その子どもに言っておいて、風呂の後などに五〜一〇分でもきちんと向き合って、話したりしています。

平日の食事は職員が作るのですが、土日は当番制で子どもに作ってもらいます。食材は宅配で届くので、ついているレシピ通りに作ります。もう中学生ですから、一通りできますが、できあがったら毎回ほめています。ほめることが大事ですが、何もない時にはほめられませんから。今までできなかったことができて、ちょっとした上達でも子どもには大きな変化なのです。

ファミリーホームを始めてから五年、昼間は職員が、夜間は毎日私たち夫婦が対応します。夜中に帰ってくる子どもがいると、帰ってくるまで、鍵をかけられません。みんな女の子ですから、帰ってくるまで、寝られないです。徘徊する子は困りますね。夕ごはんは六時ですから、門限は六時。バイトしてる子は一〇時にしています。

非行系の子どもで暴れる子もいましたが、今は盗癖がある子がいて、対応に苦慮します。他の子どもには鍵や金庫を渡していますが、自己管理させるのも大変です。そうしていても盗ってしまう。モラルをふみ外す誘惑の多い年齢でもあるのですが、自分で修正していける子どももいます。被虐待児はお金を使うことで、自分の気持ちを発散しています。悪いこととはわかっているのですが、やめられないのです。

学校に行けなくなる子もいます。職業訓練校に行ってヘルパーの資格もとったが、就職にも結び付かなかったり。この後、何十年先どうなっていくのだろうと考えさせられます。

今問題を抱えてる子の生育歴には性的虐待があることが多いのです。起こったことも大変なことなのですが、その後の処置・対応が悪いのです。親の中途半端な対応が悪くて、子どもが問題をひきずってしまう。その子に対して誠実に対応していない。本当ならばその子に対して謝らないといけないのに、それができていません。諸外国では（家庭内の性的虐待は）許されないこと、犯罪という認識がありますが。日本は家庭内の問題を家族ぐるみで、表沙汰にしようとしない風潮があります。性的虐待があった場合、もっと早い段階でのケア、フォローが必要と思います。諸外国では専門職のフォローがある。支援がなければ、被害者の子どもが父親を訴えたりできません。

でも、子どもたちの生命力はゆがんでいるけれど、強い。虐待などのサバイバーだからこその強さがあります。いずれはその子どもを納税者に育てなきゃいけないと言われるのですが、道のりは遠いです。

京都は里親サポートセンターに属する臨床心理士の方が、ホームに派遣されて毎週来てくれています。でも思春期まっただ中ですから、心理士と話をしないのです。問題を抱えていても、話すように無理強いはできません。話せない間は、問題にかかわれないですね。

子どもの時に虐待を受けたりすると人格的に未熟であったりします。生活のスキルを上げる子どもへのプログラム、大人に対するペアレントトレーニングみたいなものがあれば、いいなと思います。かかわりがうまくいった場合はたまたまうまくいっただけと思います。日常生活を通してのかかわりになるので。最終的には子ども自身が変わる必要があります。

いままでで一番うれしかったのは、独立した里子が大学も自分の力で卒業し、立派な社会人となった子どものことです。いろいろあってもたくましく成長したことが何よりもうれしかったです。一番大切なことは受容の心で、子どもであっても相手を認めること。それがかかわり方の基本です。

第3章
質のよい介護とは

フォーマルサービスの現場を訪ねる

介護保険には各種サービスが整備され、設備や運営上の規定が細かく規定され、行政から六年ごとに再審査がなされています。介護保険上の施設には行政からの監査（一か月前に事前通知があるのですが）が二年に一度行われ、運営状況などをチェックしています。しかし基準を満たしていることと、よいサービスが提供されていることが一致するとは限りません。施設や居宅サービスの事業所を選ぶにも一般の方はどこに着目していいのか、わからないことでしょう。職員の数、持っている資格、設備の充実度、運営理念、いやいやそれよりも心のやさしさが大事？　それはどうやってチェックするのでしょうか？

ここでは、評価が高いとお聞きした訪問介護・デイサービス・特別養護老人ホーム・有料老人ホームの事業者へ直接訪問して伺った情報を紹介します。どの事業所でもスタッフ一人ひとりが考えて、よい介護のために尽力されているのがよくわかりました。

「グレースケア機構」東京都三鷹市（ＮＰＯ法人）は指名制のヘルパー制度という画期的な事業をされています。「ＤＡＹＳ　ＢＬＧ！」東京都町田市（ＮＰＯ法人）は若年性認知症の方に働く場を提供するという取り組みをされています。「王子光照苑」東京都北区（社会福祉法人）は特別養護老人ホームの苑内で犬と猫を飼育し、動物介在療法に取り組んだ経験を聞かせていただきました。「宝塚エデンの園」兵庫県宝塚市（社会福祉法人）は介護付有料老人ホームを一九七九年から運営されている事業者で、立派な設備で丁寧な介護を実践されている様子を伺いました。

1　グレースケア機構・柳本文貴さんに聞く

――ヘルパーの自費や指名制など、制度の枠を超えた訪問介護事業所「グレースケア機構」を運営されている柳本《やぎもと》文貴さんにお話しを伺います。顔写真付きで各ヘルパーの得意なことや経歴がアップされているホームページを拝見すると、優秀なヘルパーを多数そろえておられることに驚きました。

グレースケアも八年目になりますが、おかげさまで社員も毎年増えて一〇人になりました。非常勤の職員も増え、週一日の人から五日働く人まで六〇人くらいいます。登録だけのヘルパーも合わせると百人以上になります。指名制と言いながらも、指名での依頼数はそれほど多くはないです。だいたい月に四、五件です。今の世代の高齢者は自分から「この人をお願いしたい」と言う方は少なくて、こちらから見合ったヘルパーを紹介することのほうがまだまだ多いです。

中でも整理収納アドバイザーの資格をもっているヘルパーなどは、片付けに苦労している家庭からのニーズがあります。利用者と故郷が同じ鹿児島出身のヘルパーに来て欲しいなどの指名もあります。（介護保険のみの依頼も合わせて）契約している利用者は二百人くらい。重度の障がいで医療的ケアが必要な0歳児から、最高齢は一〇四歳の方まで年齢層も幅広い。重度訪問介護といった障がい者の制度も使いながら、たんの吸引が必要だったり人工呼吸器をつけている方へのケアにも入っています。
あとは自費サービスで病児保育にもかかわっています。保育士の資格をもっているヘルパーがいるので、安心して任せられます。知的障がいのガイドヘルプでは、電車に乗って出かけたり、鉄道博物館や野球観戦、コンサートなどに出かけたりします。

――利用者の紹介ルートはどちらからでしょうか?

口コミが多いですが、知り合いやお客様からの紹介もあります。ごみ屋敷状態の家などは、地域包括支援センターから依頼されます。市から直接、家族にも障がいがあって、複合的な課題をかかえている方を紹介されたり、ケアマネジャーからは、他の事業所で対応が難しい利用者、例えば認知症の精神症状が強いとか、看取り間近で医療依存度が高い方などの相談をいただきます。
サービス範囲は三鷹市、武蔵野市が中心ですが、都心や多摩地域までも行っています。今まで、横浜や埼玉などからも依頼をいただきました。交通費、出張費もいただければどこでもサービスを提供します。

――自費サービス利用者(アメリカ在住のご家族)からの声として、ホームページに掲載されている感謝の言葉「きめ細かく柔軟な対応に安心!」が印象的でした。

この方はお母様を日本の施設に預けていて、家族はアメリカに住んでいます。施設との書類のやりとり、訪問・お見舞い、ケアプランの話し合いなどができないので、こちらに委任いただき、家族の役割を代行しています。

施設に預けた後も、きちんと親を見守っていきたいというこのようなご家族には、代わりに施設を訪問して、そのつどレポートを作成して、メールしています。ご家族に会ってくるだけではなく、施設の状況などもさりげなくチェックします。こちらが介護の専門職として面会に行くと、施設の職員にも緊張感があります。どういうケアを行っているのかをよく見るので、例えば汚れた衣類はきちんと着替えるなど、（施設職員を）牽制する役割も担っていました。当たり前のことなのですが、家族や代理人が時々訪ねないと、残念ながら後回し……ということがあります。

もともとはお家にいらっしゃる方の支援を想定していたのですが、有料老人ホームなど、施設に入居している方と、外へ出かけたり、遊びに行く依頼も増えました。

家族と同じ立場にはなれませんが、介護の専門職としての視点で見ていくことができます。家族にとっても、施設やケアマネジャーとの関係だけでは納得できなかったり、疑問が残る部分を率直に相談することができます。それなら相応の負担を払ってもいいと考えてくださいます。

――人材の採用はうまくいっていますか？

ヘルパーの人集めには苦労しています。依頼は多いのですが、それに応えられる人材はいつも不足していますね。指名制ということで趣味や特技、いろいろな資格をもった人、やりがいをもって働きたいという熱意のある方などが登録しています。ホームページの画面からもヘルパー登録できるので、興味を持った方が詳細をエントリーしてくれます。介護保険の制度内のサービスもやっているので、ハローワークや福祉人材バンクにも求人を出しています。

――ヘルパーの定着率はどうですか？

グレースケアでは長時間の介護、旅行や余暇支援、家族を含めてのトータルなケアがあり、そこにやりがいを感じて長く続けてくれます。また、ご本人と長い時間生活に密に関わっていると、利用者との馴染み感も出てきて続けたいという思いにつながっていることもあります。

――ヘルパーへの研修はどのように？

経験の不足している登録ヘルパーもいますので、月に一度事業所内で研修や、利用者のケースカンファレンスを行っています。

利用者からの指名がいただければ、時給も二割増しになるので、その分給料も上がります。結果的にヘルパーのケアの質も上がるという好循環を作りたいのですが、なかなか難しいところです。

――事業所内でたんの吸引の研修などもされていますね。

医療的ケアのニーズが多いので、ＡＬＳ／ＭＮＤサポートセンターさくら会と提携して地元で基礎講習を行い、各利用者様のご自宅で実地研修をやっています。それだけではニーズに対応しきれないので、今年は事業所主催の研修も始めました。

在宅ケアのサービス依頼では、筋萎縮性側索硬化症（ＡＬＳ）などの難病の方、医療依存度の高い方、ターミナルケアの方、胃ろうの方、たんの吸引が頻回に必要な方などが多数いらっしゃいます。逆に言えば、重度者へのサービスを提供できる事業所がもっとあれば、病院から在宅へもっと移行できると思います。

例えば、医師から「とても家には帰れません、介護疲れで大変ですよ」と言われても、家族の強い希望で在宅に戻る方もいます。ある利用者は、担当の医師も看護師も慎重で、吸引が必要なので毎日頻回に看護とヘルパーのサービスが入る予定を組みました。ところが、帰宅すると意外とお元気になり、訪問看護師は毎日から週二回、やがて一回に減り、ヘルパーも一日二回から週三回まで減りました。病院では頻回だった吸引が、家では不思議と必要なくなるということはよくあって、吸引するからさらに吸引が必要になるとか、点滴から食事に変わる効果なども考えられます。ともあれ利用者も病院にいると、看護師の仕事に合わせて「患者」になってしまう面があるようです。

――今後の運営の方向性は?

まずマネジメントの充実と、質の向上を地道に図っていくことですね。私自身もヘルパーとしてケアに入らないと仕事がまわりません。ニーズが多く、常にバタバタと目の前の利用者に追われてしまいがち。次々と依頼に応じていると、利用実績は増えますが、本当は一人ずつ、もっと丁寧にかかわりたい。指名制などで内容とともに単価を上げていくことも必要です。また、社内の人材だけでなく、他事業所や地域と支え合い、助け合いの体制を作れれば、まち全体としてケアの質が上っていきます。介護離職の問題などは、企業や商店とももっとつながって改善したいと思っています。

ＮＰＯとしての活動基盤も整え、私たちの実践をホームページやブログ、フェイスブックなどから情報提供していくアウトリーチにも力を注ぎたいですね。

――大学時代、障がい者支援のボランティアのきっかけは？

先輩に「ただでご飯食べられるから」と、誘われたのがきっかけです。たしかにご飯は食べられるのですが、食事介助をしながら一緒に（笑）。学生時代は社会学を学びつつ、いろいろな人に会い、いろいろな場に行き、いろいろな経験をしたいと思っていました。本当に理解するためには、テキストだけではなく、自分の経験としてやらないといけないと思い、好奇心のおもむくままに、ボランティアを始めました。

当時は九〇年代の初めで、施設や家族のもとを出て一人暮らしを始める脳性まひの障がい者が利用できる社会資源はまだまだ限られていました。七〇年代から学生などが支援の担い手となり、当事者を中心に自立生活運動を行ってきた流れがあり、その延長上に今の制度（障害者総合支援法など）を勝ち取ってきたのです。

いまは、社会福祉士としてソーシャルワークの一つとして、精神障がい者の方二名の成年後見人も行っています。

――事業所周辺のコミュニティの特性は？

三鷹はベッドタウンですが、定年退職した人が地域に戻ってきて活発に活動を始めつつあります。

「みたか・みんなの広場」というグループもその一つ。七つのNPOと相乗りして、コミュニティ・カフェの運営などをしています。

――東京以外で指名制の訪問介護事業所の可能性はあるでしょうか?

神戸、大阪はじめ、どこでも指名制のニーズは潜在的にあると思います。有料老人ホームの高額なものはどこの地域にもありますよね。それほど高級でなくても月二〇万円くらい払うところは多い。在宅できちんとよい介護にお金をかける、といった文化が浸透していないだけで、実際、ホームの費用にお金をかけるより、自宅にいる方が安いし愉しいということがわかってくれれば、もっと増えるでしょう。

――介護職員の社会的評価は、なぜ上がらないのでしょうか?

これほど将来性があって手堅い仕事はないのにね。介護の仕事は今後ますます需要は高まる一方で供給が限られている。普通に考えれば単価も上がっていくのはまちがいありません。少し頑張れば管理職への道もたくさんあります。

介護は女性特有のシャドウ・ワークだから社会的地位が上がらない、と上野千鶴子氏は言っていますが、介護職自身もエンパワメントする必要があると思います。自ら介護の仕事を十分に評価しようとしていないこともあります。介護保険施行当初はまだ活気があったように感じます。以前は社会福祉を学校で学び、理念や志を持った職員がけっこういましたが、今は介護従事者の人数も大きく増え、ある意味大衆化した結果、質の問題もあるかもしれません。質より量が優先されています。給料が安くていい人が集まらない、いいケアが提供されないので介護報酬も安いままでよい、という悪循環になっています。それを変えて、よいケアを提供すれば、それに見合った報酬が入り、さらに質の向上につながるという好循環を作りたい。熱意のある職員をきちんと評価して、キャリアアップできるような仕組みがあればと思います。

——介護保険の問題点については、どうお考えですか？

介護保険でカバーする部分を増やす、生活援助を切り離さないなどの意見はありますが、私はあまり賛同しません。社会保障のなかでは年金の割合が高く、人によってはけっこうな額になっています。それを自費の介護の利用を通じて、事業所にお金を投じ、ひていは地域社会に回していけないかと思います。制度政策的に介護のお金を増やすのも望ましくはありますが、いろいろな規制とセットになることを考えると、かえって非効率でムダも多い。すでにある年金の使い方を少し変える方が社会的なコストは低いし、直接的でよいと思います。

事業所への報酬を上げるための加算は形式的で、それが本当に質を確保することにつながっていません。新しい総合事業も市町村や事業所への負担は大きく、利用者への説明や手続きの周知徹底も含めて煩雑すぎて、本来の目的である「給付抑制」につながっているのかあやしいものです。

——日本の福祉をとりまく状況と、今後の展望についてお聞かせください。

財政的には厳しいのでしょうが、他の公共事業や防衛費などに対して、社会保障を充実させたり優先度を上げることは大事でしょう。社会保障のなかでも、保育などに配分を変えた方がいいこともあります。介護保険もですが、ともすると制度を維持することが目的化してしまうので、これからはいかに制度をシンプルに、統合化していくかでしょう。高齢、障がい、難病、保育などの縦割りも、あまり意味がなかったりします。制度を複雑に増やしてお金をかければいいものではない。負担能力のある人や助成財団などから直接お金を集めて、市民センターやNPOなど、自分たちでケアの仕組みを作る方が、よいものができるかもしれません。

――「グレースケア機構」を作って、よかった点は？

一番よかったのは仲間が増え、仕事として成立し、他の事業所よりはボーナスなども多く支払えている点です。男性ヘルパーも子育てしつつ、食べていけています。学生の頃と比べると、在宅介護が経営的に成り立っているのは、大きな進歩と言えます。昨年は大卒の新入社員を採用しました。やりがいのある仕事として、実績が積み上がってきた手ごたえを感じています。

※参考文献：『ケアのカリスマたち』上野千鶴子著、亜紀書房、二〇一三年。

2 DAYS BLG! デイサービス

東京都町田市にある、一〇人定員の小規模デイサービスDAYS BLG!を訪問しました。ここでは若年認知症の方等に働く場（活動の場）を提供して、社会とのつながりを保ちながら、生活をすることをコンセプトに、利用者（以下、メンバーさん）との関わりを大切にしておられます。また「認知症を自分事」として考え、その想いを大切にし、社会や環境の整備に取り組み続けています。

理事長の前田隆行氏はメディアに多数ご出演されているので、よくご存じの方も多いかもしれませんが、メンバーさんが実際にどんな風にすごしているかを密着して、取材する機会を得たので、一日の様子をお伝えします。

＊　＊　＊

メンバーさんはご家族が送ってこられる方や、送迎車でこられる方もあり、およそ九時半ころには全員がそろいました。そろったところで挨拶をし、午前中の予定を決めます。いくつかのメニューの中からメンバーさんに「何をしますか?」と一人ずつにたずねて、当日のメニューを選んでもらっています。

それぞれがすることが決まると、スタッフがボードに記入し、再確認をした上で、メンバーさんは活動を開始します。私はホンダの販売店に洗車に行くというメンバーさんとスタッフと行動をともにしました。訪問したのが八月の暑いさなかだったので、三台程度の車を水洗い、拭きあげを行いました（通常は六台）。屋外で、体を動かすとやはりよい気分転換になります。

事業所に戻り、メンバーさんが作ってくれた温かい味噌汁と弁当をいただきました。手作りのあたたかい味噌汁は嬉しいですね。

午後は学童保育クラブのこどもたちに紙芝居の読み聞かせをしに行きました。『おばあちゃんと歩こう』『やさしさはおくすり』の二つをスタッフとメンバーさんが読み、一〜三年生五四人のこどもたちは、静かに集中して聞いていました。

認知症の症状の一つである「道に迷う」ことの不安感を理解してもらうために、こどもに迷子になった経験をたずね、それと同じ不安な思いでいるので、声をかけてあげてくださいとスタッフが語りかけていました。スタッフとメンバーが道に迷った認知症の方の役で、こどもたちが声をかけるというちょっとしたロールプレイにも、みんなが積極的に参加して、盛り上がりました。

「こどもたちに認知症を知ってもらう、自然とあいさつが生まれる地域づくりの啓蒙活動として取り組んでいます」ということでした。ただ単に知識を伝えるのではなく、紙芝居を読む、という活動を通じて、認知症の当事者と話す体験は、きっとこどもたちの心に刻み込まれたのではないかと思います。お礼として、こどもたちは「世界に一つだけの花」を歌ってくれました。

事業所に戻って、おやつとお茶を頂き、帰る時間（16時半）が近づいてきました。普通のデイサービスであれば、この時間は連絡帳を必死に記入し、持ち物確認、送迎車への誘導で大変バタバタするのですが、小規模なのでゆったりとした時間の流れは変わらなかったです。

おやつの後に、スタッフからメンバーさん一人ひとりに今日の感想を聞いておられたのが、なかなかユニークでした。感想の言葉もポジティブなものが多く、メンバーさんの笑顔と表情も明るいのが印象的でした。「今日も一日さわやかに過ごせました」と発言され、表情をみると、その通りだとよくわかりました。

当たり前の介護をするためには、必要以上に規模を大きくしないことや、スタッフのかかわり方（きちんと視線を合わせて、カバン一つあけるにも許可を得てから行うという基本的な部分も含めて）が普通にできているという、基本的なことの積み重ねが大事なのだと実感しました。費用のかかる研修に行って、高度な介護技術を習得（例えばバリデーションなりセラピューティングタッチ）する必要などなくても、当たり前のことをごく自然にできるスタッフがいればいいのだと感じました。スタッフの声かけが非常に丁寧で、まなざしもあたたかかったことが印象的でした。それを実践するためには、本当のやさしさや人間性への洞察力の裏付けが必要なのかもしれませんが。

定員が少ないので、利用希望者は多く利用を待つ方が一五人待ち（二〇一六年九月二二日現在）とのことでした。質の高いケアを行っていることが、よく知られているのですね。

理事長の理念「福祉のイメージを変えます。社会的チャレンジをしていきます」がすみずみまで行き届いているデイサービスで、メンバーさんの笑顔に力をもらい、感動した一日でした。

3　特別養護老人ホーム・王子光照苑

東京都北区にある特別養護老人ホーム「王子光照苑」を訪問しました。当苑は長期入所定員五〇名、短期入所七名のベッド数で、一九八八年に設立されています。苑内に飼育している犬や猫の動物介在活動を行っていることで知られ、東京都内でもいち早く品質管理の国際規格ＩＳＯ９００１の認証を取得したことからも、質の高いケアを実践されていることがわかります。どのような取り組みをされているのかを、管理課長の高橋様から伺いました。

――ＩＳＯ認証取得について

東京二三区では他の社会福祉事業でＩＳＯ取得しているところもありましたので、当苑は三番目の取得でした。全国的には一三番目の取得になります。特養単独事業所としては、区内では一番目の取得になりましたが。

もともとは当時の施設長が、介護サービスの標準化をめざしたことが取得のきっかけです。業務の標準化の方法はないのかと考えていたのです。当時ＩＳＯは工業分野に限定されていると思いましたが、介護サービスにも転用できると聞いて、取り組みました。業務のマニュアル化をして、それを見れば誰がやっても同じように介護ができることを目指しています。でも現実には難しい。職員の経験年数によっても違います。

苑全体で取得にむけての取り組みを始めて、一年以内で取得ができました。キックオフ（取得活動開始前）宣言を初めて、生活相談員や介護主任等が集まり、缶詰状態になり集中して、各自が行っている業務のマニュアル化をしました。だいたい一か月ぐらいでまとめて、コンサルタント会社に見せて、修正しつつ仕上げていきました。

当時の管理職が「ＩＳＯの取得ができた」と近隣施設で広報したところ、他の二三区の施設も自施設でも取得しようという流れになったということで、福祉施設でも取得できるんだという波及効果にはなったのではと自負しています。

入所者の平均介護度は４・１くらい。北区では待機者は千人くらいで、北区全体で一年間に八〇名が入所されています。待機者の優先順位が一番の方と八〇番の方ではＡＤＬ（日常生活動作）がだいぶ違ってきます。

――王子光照苑の特徴は？

やはり動物の存在ということでしょうか。現在は猫が二匹になっていますが、年をとってしまって第一線の活動からは外れています。少し前までは犬もいたのですが、亡くなりました。

犬が元気だったころには朝礼後に各部屋に連れていって、利用者と触れ合ってもらいました。利用者には、すごく喜ばれました。ペットとしての犬がいることで、ホームに入ってからも家にいるのと同様の社会生活、活動が継続できるという保証になるのです。利用者が動物を飼うという、当たり前の役割を持つことができたのです。

そのためには介護職員の教育も必要でした。犬には朝夕の散歩が必要です。それも介護職員の仕事になるからです。また犬は自分の集団の中の位置に敏感なので、自分より下の者のいうことをきかないのです。だから慣れない職員が連れまわすと、利用者や介護職員もかまれることになってしまいます。職員が犬を制御できることが、動物介在活動の条件になります。

この数年間、重度の利用者が多く入ってきて、当然ケアの負担も重くなりました。職員の負担が多くなり、退職者が多くなった結果、職員の入れ替わりが激しく、管理職が現場の業務に入らざるをえなくなっていた時期があります。介護職員は犬の散歩は手伝えない。でも動物介在療法は続けてほしい。ジレンマが起きてしまって、結局今までの活動は成り立たなくなりました。

その後も犬の担当者がいれば活動を行いますが、いなければ活動できない状況でした。職員が間に入っていかないと、犬とのかかわりの場合は難しい。そういう状況で、犬も歳をとってきて活動が困難になりました。老犬になって引退させた時から、現場からは新しいセラピー犬がほしいという意見もありましたが、介護職員が犬の世話を手伝えないというので、今は犬はいない状態です。系列施設の江戸川光照苑では、動物プロダクションから動物を連れて来てもらってのセラピーをやっています。動物介在活動という形で、苑内で犬を飼ってきましたが、やってみて気が付くことが多かったです。

――動物を飼い始めた、そもそものきっかけは？

初代の犬の太郎はたまたま苑内の敷地に行き倒れになっていました。弱っている間はミルクなどをあげて、事務所で世話をしていたのです。ある利用者が一階に犬がいるということを知り、はじめは残飯を、そのうちに自分たちの食事を少しずつとり分けて、犬にあげるようになりました。

自分たちの食事を少しずつ取り分けたりするうちに、利用者同士で会話がはずみ、苑内に自然とコミュニティができたのです。それが（人間関係として）大変よかった。皆の世話のおかげで、犬は元気になりました。飼い主がきたら返さなきゃいけない、と話していましたが飼い主が現れず、だったら苑で飼ってください、と利用者から言われました。利用者さんがごはんをあげたり、自分のお小遣いで犬のおやつを買ってきてあげていました。みなさんも飼い主ですね、と伝えて、皆で可愛がっていました。

犬という媒介のおかげで、利用者間に自然とかかわりができ、犬好きの方たちの間に会話が成立し、コミュニティができました。その結果、苑の活動として取り組みはじめたのです。初代犬の太郎が亡くなった時には、苑内でお葬式もしました。

その後、新しい犬がほしいという声があり、獣医師に相談したら、犬の里親を探している人は多いと聞きました。施設長は「大金を出して買うことになるレトリバーとか、介助犬はよろしくないのではないか？　ここに入所しているような利用者は一般庶民だから、お金を出して犬を飼うようなことは少ないだろう。でも子どもがひろってきたり、迷いこんできたりで、犬を飼う経験はあったと思う。そのような経験から、入手する犬であったからこそ、思い入れができ、感情移入ができたに違いない。利用者も同じ気持ちだろうから、飼うなら雑種がいいのでは」ということになりました。

そうして埼玉県で交通事故にあった若い犬を、譲り受けたのが二代目の健太郎です。まだ一歳くらいだったので、副苑長が訓練をして、利用者にお披露目しました。利用者が大変喜んで、再び入居者間にコミュニティができました。

そんな経緯をまとめて「コンパニオンアニマルとして活躍しています」とホームページで公表したら、勘違いされて、玄関前に五千円とペットフードが同梱されて仔猫が捨てられたときもありました。それがこの一四歳になる猫の朋ちゃんです（玄関のケージにいる）。猫はひざの上に乗せられるからいいかと思いましたが。もう一匹が半年後にすてられていて（四階のフロアにいますが）、それ以降は引き受けられないと広報しました。

利用者は職員から世話される一方の存在で、自分の存在に多少なりとも劣等感をもっています。が、世話をする対象ができたこと、動物は世話をしてやらないと、幸せにならないという思いで、他の存在を守ってやりたいという感情を表出できるようになる効果もありました。

入居者の方にも、家で小動物（ハムスターや小鳥）を飼っていた方は、そのまま苑の自分の部屋に置いてもらってもかまわないとしています。

――職員への研修についてお聞かせください。

年に数回は大学や医師などの外部講師をお呼びして、虐待防止などの研修を行っています。通常は苑内での研修を行っています。

職員へのストレスチェックなどもしています。これまでもずっと毎年ストレス診断テストということで、厚生労働省の「職業性ストレス簡易調査票：標準版57問」のリストで、苑の安全衛生委員会としてやってきました。そのリストの結果から高ストレス者と判定された場合、施設長と面談をしてもらったりしていました。

今回からは法律で定められて（二〇一五年一二月、労働安全衛生法に基づくストレスチェック制度）、その結果を労働局へ提出する必要があり、とされました。私は管理課長として、人事権を持っているので、この調査に携われないのです。だから今回はＥＡＰ業者：従業員援助プログラムに依頼して、調査キットが届いたところです。業者によっては産業医まで手配しているが、当苑は産業医がいるので、アフターフォローは産業医に依頼しています。業者には検査キットと検査の集計を依頼。調査対象は、部長以下の職員としています。

――職員の年齢構成は？

二〇代は数人、一番多いのは四〇代で、三〇代も多いです。年齢を重ねると、経験もあるので仕事はできるが、体力がついてこないこともあります。定年は六〇歳です。ここ最近は「介護職員でもやってみるか」という動機で就職する方もいますが、そのような職員はこんなはずではなかったとすぐやめる人も多くいます。

看護師には土日祝日も出勤してもらっているので、六名体制（四名は八時間勤務、二名は短時間のパート）でローテーションを組んでいます。看護師がいると介護職員にとっては、何かあった際の安心感があります。嘱託医の回診は内科医が週二回、整形外科が週一回、精神科医の先生にも来てもらっています。

——給食では刺身を提供しているようですが、高齢者の施設だと食中毒の関係で生の魚の提供を一切禁止していることが多いですよね？

当苑でも夏場（六月半ばから）は刺身を出していないのですが、秋～冬場の期間限定で刺身を出しています。魚は冷凍魚ではなく、毎朝納品してもらっている、近隣の魚屋からのを使っています。生の魚を仕入れていますから、安全面でも問題はないと思います。ホームページには苑の献立表もアップされています。

屋上には緑化事業として、みかんやびわの木などの植え込みが作られ、桜も四本あり、お花見の時期には屋上で花見ができるそうです。また玄関先に看板猫が寝ていて、四階のケアワーカー室では猫をなでている利用者の姿があり、ゆったりとした雰囲気で、居心地のよい生活感があふれている特別養護老人ホームだと実感できました。

4　有料老人ホーム・宝塚エデンの園

聖隷福祉事業団が運営する、一九七九年に設立された老舗の介護付有料老人ホーム（入居時自立）「宝塚エデンの園」を訪問しました。メインの設備がある棟は一九九八年に開設されています。阪急逆瀬川駅からバスで一五分の閑静な住宅地に、広い敷地が広がっています。高速道路のインターチェンジからも車で約一五分の交通アクセスとなっています。現在の入所者は約四五〇名、その内男性は一一〇名ということです。

園内を相談員の方に案内していただきました。玄関を入ると、広いエントランスには静かに新聞を読む入居者の姿があり、静謐な雰囲気です。

二か所ある共用施設の浴場には、温泉を引き入れています（夏場には露天風呂も使えます）。温水プールもあり、入居者が利用中はインストラクターがついてくれるとのことでした。

また、「ドルフィン」というスポーツジムが入っていて、入居者は利用可能。体調管理をしっかりしたいという思いの方が多いので、朝からインストラクターについて、トレーニングに励まれていました。

入居の条件や費用、生活面のサポート体制などを、パンフレットの情報も加えて記載いたします。

〈入居条件〉

①年齢が満六〇歳以上の方（夫婦や兄弟での入居も可能で、夫婦の場合、おひと方が六〇歳以上、パートナーが満五〇歳以上であれば入居可能です）

②身のまわりのことが自分でできる方（入居契約時自立）。要支援認定を受けていても、おおむね自分のことができればよいとのこと。

③身元引受人がいる方（全く身寄りのない方はご相談くださいとのことです）

事前の体験入居は、一泊二日で利用できます。

入居時は自立（自分の身の回りのことは自分でできる）ですが、入所中に介護度が高くなれば、同じ建物内の介護居室へ移って生活を継続できます。介護居室に移るか移らないかの見極めは、二四時間介護サービスが必要かどうかという点です。

〈多彩なクラブ活動〉

入居者の自主運営で二〇種類以上のクラブや同好会があります。聖書の会、陶芸クラブ（クラブ室には陶芸用の窯もある）、社交ダンスの会、囲碁クラブ、パソコンクラブなどなど。囲碁クラブは専用の部屋があり、園外からのメンバーも通ってこられています。

園の行事として大きなものは夏の納涼祭ですが、冬は近隣の大学ＯＢたちによる男性合唱団のコンサートや、入居者と職員によるカラオケ大会もあります。

見学した時には、ちょうど誕生日会（招待状は介護居室にいる方にも出されるとのこと）をされていて、松花堂弁当と揚げたての天ぷらをいただきながら園長らと歓談されていました。


〈生活面のサポート〉


生活上の困ったこと、相談などは総合受付で対応してくださっています。話し相手としても、積極的に応じてくださっているとのことです。

老舗ホテル内の美容室から週に三回美容師が来られる理美容室があり、週二回クリーニングの受付サービスもあります。銀行のATMがあり、外出しなくてもお金の出し入れができるのは、入居者には大変便利だと思いました。売店には食料品や日用品のほか、喫茶スペースもあり、コーヒーやソフトクリームなどを二百円で楽しむことができます。買い物はバスで駅前に行く方、スーパーの宅配を利用している方もあります。

また、各棟には談話室があります。入居者同士で部屋を行き来すると、お互いにお茶を出さないといけないなど、気を遣いながらのお付き合いになるので、ロビーや談話室で談笑することが多いとのこと。長期間同じ人間関係で生活することになる、入居者への心遣いだと感心しました。

グランドピアノのある部屋があり、予約すると自由に使えます。音楽室もあり、ピアノ、尺八など楽器の練習もできるようになっています。

入居者の方が自然と持ち寄った本を集めた図書室もありました。かつて司書をされていた入居者の方がおられ、図書館の分類のように、背表紙にナンバリングがされていました。また、二週間に一度、移動図書館「すみれ号」が来園し、約四千冊の本の中から一〇冊まで借りることができます。

家族面会の時間制限はなく、原則として二四時間面会はできます。総合受付で記名し、園内にいる間は入館証を付けてもらう仕組みです。

介護保険のサービスを利用される方は、園のケアマネジャーがケアプランを作成しています。また、園内には葬儀対応のホールも二か所あり、お葬式の時には施設長から事務職員まで全スタッフでお見送りをするとのことでした。共同墓苑もあり、毎年慰霊祭とお墓参りもあります。本当に至れり尽くせりの設備でした。

〈居室〉

広さ、間取りの違う三三タイプの居室があります。居室には緊急通報装置、生活リズムセンサー、IH調理器付システムキッチン、クローゼット、下駄箱、浴室、トイレ、バルコニーが付いています。小さい方の居室でも三二平方メートル（九・七坪）。一人で生活するのは十分な広さで、収納スペースがゆったりとってあって、便利だと思いました（トランクルームを借りることもできます）。一番広い部屋は八二平方メートル（二四・八坪）です。

クロスの色も柔らかなパステルカラーで、トイレや浴室は一般家屋と同じ広さでゆったりしています。申込みをすれば、一人でも見学することができます。

〈医療の体制〉

特筆すべきは園内に「宝塚エデンの園附属診療所」があり、入院ベッドが一九床あることでした。内科、リハビリテーション科、整形外科、皮膚科、精神科の診療科目があります。入居者の方は外出せず園内で通院ができるという手軽さがあります。附属診療所に入院した場合、ターミナルケアも可能だということでした。

健康管理としては、年二回の定期健康診断、簡易健康診断は月一回のペースで受けられます。他には近隣に指定医療機関があり、介護が必要になった場合や一時的な体調不良時には、受診付添や入退院時の送迎などのサービスを園が提供してくださるそうです。

夜間の職員体制は介護職員四人と警備員二人、附属診療所に医師、看護師各一人の合計八名で夜勤しています。介護職員はすべて有資格者で、各職員は顔写真付きで紹介されていました。

〈食事〉

朝は和食か洋食か選択でき、昼、夕食ともメインは選択メニュー。テーブルも自由に座れます。テーブルには減塩醤油や塩、ソースなどが置かれています。昼食を頂きましたが、あたたかい食事に手作りのデザートがついていて、宝塚の街並みを見下ろしながら食事を楽しむことができました。

園の食堂で食事をとられている方が多いようですが、園の食事の申込みをせず外食する、または部屋で調理することも可能です。また食事の申し込みをしているのに、食事に来ていない入居者があると、電話や居室を訪問してご連絡することになっているので、安否確認にもなるということです。

〈気になる費用は？〉

家賃（入居一時金〈非課税〉）は、居室の広さなどの違いで、おひとり一、五七〇万円〜六、一〇〇万円の開きがあります。それ以外の費用としては、介護費用（特別介護金〈税込〉）として五四〇万円、さらに健康管理金〈税込〉として一三〇万円弱を加えた金額が、入居日までに支払う総額となっています。

退居時の返還金制度は［入居一時金×85％×四、七四九日］―［入居日数÷四、七四九日］で計算される仕組みとなっています（入居から一三年未満に契約解除の場合、支払総額の一部を返還する仕組み）。

月々の利用料の目安は約一四五、三五〇円（管理費七五、〇六〇円、食費は一か月五八、二九〇円（一日三食一か月三〇日分としての計算））＋電気・電話料金等は個人での支払い（この金額は光熱水費を一二、〇〇〇円と試算）で、有料老人ホームの平均利用料金二五万円（一か月）よりは低額な設定となっています。

※その他に必要な、交通費や消耗品費、医療費（自己負担分）は含まれていません。介護サービスを利用した場合には、介護費用の一〜二割負担やおむつ代・消耗品等はそれに加えて必要になります。

5　傾聴電話ボランティア

ほんの一部ですが、フォーマルサービスの中でも優良な事業者を紹介してきました。しかし、公的なサービスだけでは、利用者や介護家族者の様々なニーズには応じきれません。地域によっては買い物支援や市民でネットワークを作って生活上の困りごとの支援をされていたり、各種ボランティアなどが活躍しているかもしれません。

ここでは、インフォーマルサービスの一つとして、ご近所にも打ち明けられないような本当の悩みを聴いてくれたり、言っても仕方ないけれど誰かに聴いてほしいといったことに対応してくれる電話相談を、ボランティアで運営されている「傾聴電話」の活動についてご紹介します。こちらでは高齢者や介護の問題だけでなく、どんな相談でも受け付けているということです。

スタッフとして長く活動されてきた福沢さん（仮名）に話を伺いました。

――ボランティアで傾聴の電話相談を長くされているとのことですが、どういう経緯から、またどんなニーズがあるのでしょうか？

三〇年ほど前「医療と宗教を考える会」に私は一般市民として参加していました。その当時は、本人に告知されないのが一般的でした。患者さんご本人は、もう末期がんかもしれないと疑心暗鬼で極度の精神耗弱に陥っているのに、家族にさえなにも言えない。一方、告知を受けている家族は、本人にその病状を悟られまいと心身とも疲労困憊して、肝心の大切な時間を共有できず悶々とされていました。当時のわたしは、ご遺族からとり返しのつかない悔しくてやるせないお気持ちをお聴きしていました。

その状況下で、電話部門を分科会として一九八六年に立ち上げ、準備期間をへて一九九〇年活動を開始。二〇〇三年にNPO法人の認証を受けています。わたしが入会したのは一九九九年でした。

動機は、「医療と宗教を考える会」での体験から双方匿名の電話だからこそ、本音で通じ合える貴重な風穴として、お役に立つことを実体験していたのと、お世話をしていた方が寂しさに耐えられず、身内・知人に長電話をするので、相手から疎んじられ、ますます孤立されたので、歯止めになれたら……と。躊躇なく傾聴電話の相談員になりました。

以後、社会は猛スピードで変化しています。専門的な相談窓口も増えました。わたしたちは非専門的な立場で、相手のこころ・おもいを受容し、通じ合えるように努めています。

〈実際の電話の声〉

「さみしい」との訴えが多いですね。周りの誰も相手にしてくれないと。心を病む方が、一方的に自分の話をされると、普通の感覚では耐えられないこともありますから……。

お気持ちを聴かせて戴き、受容し共感できると良いのですが、現実は教科書通りにはいきません。傾聴するのは、大変難しい。対面では、言語外表現でかなりのおもいが通じ合い、場合によってはタッチングやハグもできますが、電話では無言の刻も真摯に受けます。繋がるのは声だけではないのです。本当に難しい。正直、自分は不適格者と落ち込みかけました。そんなとき、視線が怖くて対面では話せない方から、双方匿名、守秘義務厳守のこの電話だからこそ、安心しておもいっきり話せるので救われている。と言われたことで、覚醒したように思います。そして、お一人お一人と一期一会を大切に紡いでいるうちに、その方たちのニーズに応える覚悟ができてきました。

二年前に、月〜木二〇時、金二二時と、応需時間を延長した結果、四〇代?以降の男性の電話も増えてきました。およそ女性八五%、男性一五%です。リピーターの方も多いですね。

受けている電話の大半は、統合失調症の方、てんかんの方、二〇年来のうつ病の方等々です。病名は訊ねませんが、時には「お辛いですね、病院にいらしてますか?」「通院しています」と答えられる方、「私は精神障害者です」と自ら言われる方もあります。

〈医療からのニーズも〉

最近は精神科の医師からも、このようなボランティアが増えることを期待されています。精神疾患の患者が増えているので、医師も対応に苦慮されている状況です。多くの患者は重症化してから来院されるので、回復がはかばかしくなく、ドクターに対する不信感が募るので回復が遅れる。悪のスパイラルはとても残念な現象です。医療者も、病気になる前のゲートキーパーとして、安心してストレスを発散できる場・電話・人との出会いが必要であると提言されています。

「わたしたちの電話は、特定の宗教・企業とは無関係です。どうぞ安心してお掛け下さい。☆一期一会を大切に、常に真っさらなこころで聴かせていただきます☆」というのを理念にしています。

若い人で心を病んでいる方が多いですね。スマホ依存症も一因でしょうか。メールやラインのやりとりだけで生身の人とは殆ど話していない。メールでは短文化するため、乱暴な言葉遣い、早とちり、上っ面だけの交流になる。また転送される危機感、文字が残ることの怖さ、不都合な文言を目にすると、ずっと気になってしまう。ある時、そんな自分の不確かさに気づいて、物足りない、さびしい、死にたいとの訴えに繋がるのでしょうか。電話が繋がれば、時間をかけて通じ合えたこころは暖かくなり、自分を取り戻すきっかけになります。どうぞ、臆せず電話を掛けて下さい。

「東京都地域自殺対策強化補助事業に決定」した今期は、リーフレットを役所の相談窓口・民生児童委員から手渡し・ポスティングされる等の方法で隅々の方までお役にたちますように、と周知を図る努力を私たちは積極的にすすめています。

〈現実の効果と課題〉

今年度の応需件数は四千件を超えます。その中で電話への依存症が生じてくる懸念もあります。応需時間を一時間以内と決めたいのですが。容易いことではなく、苦慮しています。長時間の電話の後「やっと胸のうちが言えました」と言われると実際に時間を区切るのは難しいです。一日に三回もかけてくる方もいます。「こうして話をきいて貰ったお蔭で、一歩一歩よくなりました、ありがとうございました」と律儀なご報告をうけることもあります。

錯乱状態で電話をかけてくる方もあります。「大丈夫なの？　大丈夫？」と声をかけながら長時間聴いていると自分で落ち着かれます。真剣勝負の対話のお蔭です。自殺の危機を感じる方とも、落ち着いて聴かせていただいていると、ほとんどの方がご自分でリセットされます。

職場などでの状態が落ち着くと、すぐにお礼や報告の電話が入り、ほっとすることもありますが、逆に電話が久しく途絶えているリピーターのことが気になってもいます。

最近の課題は、他の電話へかけると時間制限があり、冷たく切られてしまうことがあるが、ここは、びくびくしないで、安心して掛けられるので頼りになる、と言われているこの電話が、なかなか繋がらないことでしょうか。

〈相談の体制面の課題〉

現在四四名の相談員がいます。臨床心理士・精神保健福祉士もいて、かなりしっかりと傾聴対応できているとおもいたいのですが、個々人は不完全である自覚をもって、毎月三時間の研修をしています。また、外部の公開研修に参加することを積極的に推進しています。長年の積み重ねのスキルはすごいと実感しています。

隔年ごとに新相談員を募集して育成しています。昨年度は、一年間のハードな研修を修了後、一二名の相談員が誕生しました。誰かのお役に立ちたいと、地道に活動しているとの矜持をもっています。

講師を招いて研修したいのですが、財政的な負担が大きく、その目的で助成金申請をすることが必須条件ですが、受付の門戸が狭くて作業が大変なので、今回はパスしています。昨年度は、周知を図るための助成金で、新聞に新人募集記事も併記した目立つ広告を掲載しました。すると新しく電話をかけてくる人・新人研修受講者も増えました。

真の目的は、怒り・ストレス・不信感を抱え込み、窒息しそうな気持を吐露できる傾聴電話がここにあることを知って、安心して遠慮せず、存分に利用してほしい。課題は、会員の年会費（一万円）・交通費平均（四万円）・約二〇〇時間提供で維持している純粋なボランティアのＮＰＯ法人は、財政難で新企画事業実施には取り組めないことです。

〈傾聴の難しさ〉

傾聴だから、指示してはいけないのですが、これが正解というのはないと考えています。二人で当番に入っている相方から、どうしてそんなに「指示」するの？　言葉が多すぎない？　と指摘されたのが辛かったですね。不完全燃焼のまま夜まで引きずりました。次からは、この思いを繰り返したくないので、ゆとりをもって臨むよう努めますが、一〇〇％の傾聴は不可能です。わたしにとっての傾聴のスタートは、「聴いていますよ、安心して下さい」のシグナルが相手に伝わること。無機質であってはならない、と深くこころして臨みます。

また、無言の沈黙が続いている時、根気よく待つのも傾聴では大切と知りつつ、根負けして「この頃どうしているの?」などと、間をおきながら問いかけているとぽつりぽつりと話されて、少しずつ気分が上向きになり、「私は哲学的な会話を丁々発止でやりたかったの、今日は根源的なことが話せてよかった」と終わることもあったりします。

電話終了後、どうされているかと案じられる方も多いです。みなさん寂しいんですよね。少しでも気分が良くなり、「ごはんでも食べようか」と思われるだけでも嬉しいんです。ときには、こころが通い合ったときの胸の暖かさを感じることもあります。

心の病気は傍からみれば病気に見えないので、周りの人に誤解されることが多く、生き辛い状態を理解されないことが一番辛いといわれます。わたしは、この方たちは、なりたくて病気になっているのではない、この点を肝に銘じて、寄り添ってまいります。

〈体制の現状〉

電話の担当は原則一回四時間で一か月に四回入ります。主婦が多いので一六時〜二〇時の時間帯の当番は難しいのですが、お互い事情を理解してやりくりしています。また、足腰がつらい方もいますが、八三歳の創始者とお仲間も現役で、さすが!と敬服する応需をされています。臨床心理士・精神保健心理士・産業カウンセラー等、心理学を十分勉強している人もいます。

【電話を聴くのは原則六〇分。九〇分が限界です】この時間を厳守したいのですが、堂々めぐりの会話を切り上げようとすると「今から本題に入るの」と言われ、困惑することが度々です。長い電話は、双方にとって良くないのと、電話が繋がるのをお待ちになっている方のためにも、相手に不快感を持たれない電話の切り方のスキルアップに努めています。

実務面では、事務所賃料・光熱費・電話代・研修費等で年間約百万円支出しています。収入源は、会員の会費（年間一万円）と寄付、賛助会費、ときには助成金等です。会員には、時間給、交通費とも支給していません。まったくの無給、手弁当です。月一回の研修も必須参加にしています。

電話対応時は神経がピリピリする真剣勝負ですから、物心両面の負担が大きいのです。なのに、誰に頼まれたわけでもないのに、何ゆえに続けているのでしょうね。と考えることもありますが、自答は、この傾聴電話・ともに学び合っている仲間・一期一会の電話で繋がる方とのご縁が、自分にとっては大切なんです。また、精神的に追い詰められた方の、病気になる前のゲートキーパーとしての役割を担っていると自負しているからですかね。

今はこういう時代ですから、もしかしたら（応需内容が）相談者からネットに流されるかもしれないというリスクも視野におく必要があります。途中経過で、相談者の不安定さから逆恨みをかうこともあります。このご時世でも、私は性善説の人間だから、続けられています。

――その他の地域での活動を教えてください。

自分の地域を「誰もが住みよいまち」にするのは、自分自身であることを自覚し、現状を知ることから着手しました。

◇真っ赤な表紙の【○○地域かいわい　お出かけマップ】を作成しました。内容は・セールスポイント・会のこだわり・参加費・連絡先等が一目でわかる、地域の各種サークル活動を可能な限り取り上げた冊子の出来映えは、だれもが〝わくわく〟する自信作でしたよ！

◇誰もが自由に参加できる居場所「雀のお宿」《来る人拒まず、去る人追わず》の麻雀の会を立ち上げ、みんな（一五、六名）で第一・三火曜日（一〇時半～一七時）に楽しんでいます。年齢は九七歳から六〇歳まで。認知症の人・がん治療を受けている方・週三度の透析をしている人……。みんなオープンな状態で、何をさて置いてもこの日のためにと集う仲間は、わたしの宝です。

◇貴重な経験となったのは「特養ホームをよくする市民の会」のボランティアとして、介護保険導入前の当時、都内の特養ホーム約百か所のうち七〇か所を訪問調査したことです。地元で募ったボランティアとともに、施設の現状の調査を実施、施設長からの生の声を聴取し纏めました。その結果が「市民のための特養ホーム最新情報」に掲載されました。

◇区内の市民大学院（福祉部会）修了者からの申し出を受け「区民のための特養ホーム情報誌」を郊外の施設も原則二人一組で訪問し、施設長との本音トークを掲載した冊子を発行しました。

いくつになっても、自分が主役であるために、元気な時に「ケアプラン自己作成」講座で自己を認識して賢い市民（GIVE AND TAKE）になる学びを！　と呼びかけて仲間を増やしたい。関わってきた活動は、加齢による心身の衰退とともに自然淘汰する理性を維持することが一大事と心得ています。

最後まで継続したいのは、「雀のお宿」かな？

6　施設調査・議員・相談員を経て、地域に認知症カフェを開いた山下律子さん

使えるインフォーマルサービスの二つ目は、愛知県東郷町で認知症カフェとデイサービスを運営されている山下律子さんの取り組みです。山下さんは、市民運動で介護施設を調査する中で、介護をよくするにはまず地方自治に働きかけることが先決と、町会議員としても活動された経歴を持つアクティブな方です。四年間の議員活動を経て、老人保健施設の相談員を経験の後、「いきがい支援デイサービスりん」（地域密着型サービス）を開設されました。認知症カフェも運営されています。今運営されているデイサービスのこと、地域をよくする市民活動での様々な経験もお話しいただきました。

〈「いきがい支援デイサービスりん」の特徴〉

介護が必要になると、利用者は元気も自信もなくなることが多いのです。このデイサービスでは、本人の自信を取り戻してもらいたいという思いでかかわっています。私はここにいていい人なのだ、ここにいるだけで素晴らしい存在なのだと、それぞれの方に感じてほしいと願っています。そのことを再び自分で実感してほしいのです。

新しい生きがいを求めて、それぞれの幸せをめざしていくことを支援したいと思っています。「こんなことをしたい」という思いを応援する気持ちを込めて「生きがい支援デイサービス　りん」と名付けました。

老人保健施設の相談員をしていましたが、帰宅願望、自己主張の強い認知症の方は利用を遠慮してもらっていました。エスケープ（その場に落ち着いていられず、所在不明になってしまう）の方はお断わりとされたりする状況を、複雑な気持ちで見ていました。老人保健施設でできることは制限が多く、在宅介護で困っている人ほど支援が必要なのに……、と思いました。入所の相談でいろんな事情を聞き、力になりたいと考えても、入所判定会議にかけると周辺症状が目立つ（「困難ケース」）利用者は、介護主任や看護主任の専門職が反対し、入所できないと言われてしまいました。相談員としていろいろ残念な思いをしました。そういう人こそ受け入れていきたいと思い、自分で事業所を始めました。

〈開所までの経緯〉

デイサービスはＮＰＯ法人として運営しています。友人が借りていた一軒家を、部分的に借りることになり、最初は高齢者のたまり場「フラットカフェ」を隔週で一回催していました。

それを二年近く続けました。そのうち認知症カフェの取り組みが始まり、法人でないと認知症カフェの受託ができないと言われて法人にしました。カフェへの町からの助成金は年間六〇万円（二〇一六年現在）。ボランティアもかかわって運営しています。

カフェの拡大版もときどきやっています。助成金があるので、いろいろな講師も呼ぶこともできます。ボランティアで看護師も来てくれるので、薬のこと、診断のことも気軽に質問されています。

〈利用者の満足度は？〉

ケアの中身は充実していると自負しています。介護職員は三名とパートが一人。昨年一一月にオープンして、ゆったりした雰囲気で、個別対応ができています。

壁に各利用者の予定を貼りだし、誰にでもわかるようにしています。ここに来られたら、まず予定を本人に決めてもらいます。いくつもの選択肢をカードにして、読書やカメラ、料理など自由に選んでもらい、一人はマージャン、一人は買い物、散歩などと嗜好に合わせた対応をしています。利用者に片麻痺の方がいて、片手のリハビリを兼ねて、こねる工程がある料理作りを取り入れています。ピーマンの肉詰めを作ってもらったり、パンをこねてもらったり……。作ってくれた方に「ありがとう」とスタッフも感謝の言葉を丁寧に伝えています。介護度は軽い方が多く、歩ける方がほとんどですね。

レクリエーションとして、回想法にも取り組んでいます。壁にマジックテープで止めた懐かしい写真（昔の風景、昔の足踏みミシンなど）を、見ながら話のきっかけ作りをしています。畑も敷地内に少しあるので、野菜も一緒に作れます。利用人数が少ないですから、お昼も皆で調理して、食べています。散歩に行った時、つくしやわらびをとったり、筍をとってきたりして、それも食材に利用して、会話が弾みます。

〈運営しながら、気付いたこと〉

実際、自分で運営してみて、時間的な余裕が必要と思いました。スタッフの心にゆとりがないと、利用者対応で困るのです。本当に利用者に付き切りで、とことんかかわらないと、利用者の姿は見えてきません。マンツーマン以上に、スタッフは一対複数で、ちょうどくらいになります。すると利用者も安定し、前向きになるのです。来られた当初は大変でも、徐々に慣れ、落ち着いて来られます。

――利用者がこの場所に慣れるのに、時間がかかるのですか？

利用者が環境に慣れるというよりも、その方がどんどん自分らしさをとり戻せるのです。本来の個性を発揮していく過程が見えてきます。始めは遠慮されて、「こんな迷惑をかけて」と言われる方でも、スタッフの提案に対して「それは、私は好みません」と意思表示ができるようになってきます。それを聞いて、拒否できるようになってよかったな、と私たちは思います。自信を回復していく過程、日々その変化を見るのが楽しいです。ゴルフの上手な方はスタッフに教えてくれます。その方が得意なことを発揮できるように、役にたっていると実感してもらえるようにかかわると、すごく変わっていくのです。丁寧に関われるので、スタッフにとってはやりがいはあります。スタッフの希望者、手伝いたい方はたくさんいるので、さらに利用者が増えれば言うことないですね。

〈先駆的なデイサービスを参考に〉

四、五年前に福祉ジャーナリストとして、介護情報誌を出していました。その取材で、地元の日進、豊明、東郷のすべてのデイサービスを調査しました。

他県で良い実践をしているところも見学しました。例えば、夢のみずうみ村（山口県）はバリアアリーのデイ。手すりはつけていなくて、タンスなどを伝って歩くのです。百ほどあるメニューの中から、好きなレクリエーションを自分で選びます。通所して介護度が下がる方が七割くらいいるそうです。そうなると、事業所の収入は減ることになってしまうのですが（笑）。片手でやる料理教室というのもあり、作ったものを持ち帰るのが原則。持ち帰って、家族と食べながら、片手でもよく作れたね、と話が弾むのです。それを知っていたので、ここでも利用者にご飯を作ってもらって、夕食として持ち帰ってもらっています。

〈まだ不十分な若年認知症対策〉

若年認知症の方は病名を告知されると、本人が自信を失うことが多いですね。介護保険利用に至る（六五歳になる）まで（サービス利用ができない）空白の期間と言いますが、それを短くしたいという思いもあります。若年認知症の方の居場所がないのも問題です。

町会議員時代に、認知症の家族から相談を受けたことがあります。デイやショートなども、若く体力があって、動き回る利用者は受けられないと断られるのです。受け入れてくれるところを、あちこち探し回りました。ある市で一部受け入れている精神障害者の作業所がありましたが、認知症の方は症状が進行して、まわりの精神障害の方が振り回され、そこでの継続利用は難しかったです。本当に行き場がなく、制度上すっぽり抜け落ちています。ないものは作るしかないと思いました。認知症の初期で落ち着かず、行き場がない方も受け入れるためにとデイを始めましたが、現状は他の事業所で対応困難な重い利用者などが通ってきています。

〈その他の活動〉

その他に「くらしのサポーター」(＝介護保険で対応できない困りごとを支援する一時間千円の有償ボランティア)事業もやっています。内容としては受診時、一緒に医師の話を聞いてほしいなどの依頼があります。また草むしり、犬の散歩などにも使われています。同居家族がいた場合、介護保険では生活支援への制限があるので、そんな場合にも利用されています。

「いきいきカフェ」もやっていますが、カフェは家族や地域の方、相談に来られることが多いです。介護予防サロンもやっています。

〈地域の医療と福祉の連携体制、往診体制〉

名古屋大学病院でも利用者を中心にしたネットワークのための、電子カルテ方式をはじめています。ケアマネジャーやケアスタッフ同士で情報交換できるシステムがあります。ただ利用者の了承がないと動かせないので、まだ普及はしていません。事業所側から、医師とコンタクトするのは難しいです。医療との連携が国と行政の課題でもあり、そういう仕組みを広めようとしている動きはあるのですが、まだうまく機能していないようです。

往診体制はまだ不十分ですが、だんだん在宅医療にシフトされつつあります。往診をしてなかったクリニックも、往診を始めています。診療報酬が改定になり、往診をしないと開業医は経営が難しくなることも背景にあります。名古屋市には往診専門のクリニックもあります。外来診療なしで、往診だけを行っています。名古屋市は近いので、こちらまで往診に来てくれています。

東郷町はそれほど不便ではないですが、買い物難民の問題もあります。健康な方の徒歩圏内は一〇分くらいですが、体が不自由になると三〇〇メートル程度になります。それよりも遠くにスーパーがあると、買い物ができなくなります。利用者はやはり自分で商品を選びたいという思いがありますから、デイサービスから買い物に行くと喜ばれます。ヘルパーでは何かと制限が多いですから。デイではお出かけがてら、ショッピングカートを押しながら歩くのがよいリハビリになります。

〈町議会への立候補のきっかけ〉

政治に興味・関心があったわけではなく、そもそもは、市民としてボランティア活動を行っていました。きっかけは「特養ホームをよくする市民の会」の本間郁子氏による、介護保険開始前の名古屋での講演会でした。「ついに特養も選べる時代になった。が、これまでは措置制度だったので、選ぶにも情報がない。だから施設に統一のアンケートを取って、市民が選べる情報を手にしよう」という趣旨のお話しでした。

すごくいい考えだと共感しました。愛知県では「市民の会」の活動に賛同して受けてくれる団体がないので、調査ができないです、と本間氏から聞きました。その会場に私と同じ思いの方がもう二人いて、自分たちで調査をやりたいと本間さんに申し出ました。「三人いるなら思い切ってやってみたら……。協力します」と励まされました。

三人で団体を立ち上げ、愛知県支部という形で活動を始めました。当初は、特養にあいさつや依頼に行くと、担当者は総スカンで、「よくする会」と名乗るとは、今はよくないと思っているのか！　という感じで怒られました。「そんなけしからん会には協力できない」と言われたりしました。そこで団体の名前を「介護施設と地域を結ぶ市民の会」と改名しました。最初は協力するといってくれた施設も全国組織の方から「調査への協力を禁じる」というファックスが出たようで、調査の妨害をされました。特養の中身を知りたかったらボランティアに来たらいいとか、特養はどこも同じだとか言われ、すごい反発でした。措置制度の凝り固まった、意識丸出しの対応でした。

それが、介護保険が始まるとコロッと態度が変わるのです。介護保険開始の二年後の調査ではそれほど反対はなかったです。開始五年後の調査では「ようやっとるね、手弁当で」とねぎらわれました。でも、調査すればするほど実態がわかり、入りたい施設は少ないことに意気消沈しました。だから、よい施設の情報を出していけば、全体の意識も変わるのではと期待したのです。ところが、格差は開く一方で、よいところはもっとよくなるし、よくない施設は同じままです。施設に入らずに、在宅で過ごせればいいねという結論になりました。

小規模多機能型が制度化される時に、自分の足元を見据えなくてはダメだと思い、「老いも安心町つくりの会」を立ちあげ、まず介護の勉強から始めました。会員も介護のことを知らないので、施設の種類からの勉強会を一年くらい続けました。その勉強会をやる中で、いろんな申し入れを行政にしましたが、ボランティア団体からの申し入れにはまったく聞く耳を持ってくれませんでした。

いっそ議員になったほうが町が変わるのでは、と言われ、立候補したら当選しました！不思議なことに議員になったら、同じ人の対応が手のひらを返したように、変わるのです。今まで無視されたのに、「お話しを聞かせてください」に変わりました。

愛知県は施設が多く、有料老人ホームも老健も特別養護老人ホームも施設が余っている状態です。一〇〇床定員のところも九〇床しか入所者がなく空床がある。だから行政は「要介護3以上になっても十分入所できる施設はある。施設に入れば、問題ない」というスタンスでした。行政には、ほとんどの利用者は在宅希望だという認識がなく、介護が必要なら施設に行けばいい、数も十分あると考えていました。当時は在宅支援の体制は整備されていない状態でした。

〈議会での四年間の活躍〉

議会では毎回質問し、さんざん訴えたので、ようやく介護保険のカの字も知らない担当者も、反論するために勉強してきていました。任期の四年間で行政の意識が変わった実感はあります。NPOにも頑張ってもらわなくてはと言われますが、まだその受皿となる組織は地域にはありません。行政には地域に根ざした活動団体の必要性の認識はできましたが、受けてくれる団体がなかったのです。議員を続けながらそういう団体を立ち上げることは無理でした。一議員が運営する団体を、町が支援するのは公平性に問題がありますから。だから議員をやめて、私がNPOを立ち上げることにしました。行政と二人三脚で認知症カフェをやったりとか、認知症サポーター研修を行ったりしています。

本当はもう一人同じ考えの人がいれば、議員になって応援してほしいのが本音です。町会議員にも介護保険に詳しい人は皆無に近いです。幅広い活動をやっていますが、私としては、福祉をよくするための一貫した活動です。

〈福祉の資格〉

議員の後半の二年間、通信教育で社会福祉士を取得しました。もともとは成年後見をやりたかったのです。本人の意思を支えるためには大事な制度。でもなんの資格もないのにやりますといっても、説得力がありません。専門的な知識、力が必要と思いました。せっかくとった資格なので、現場で働きたいと思いました。実際の介護現場を見て、想像以上に職員が疲弊していると感じました。どんどん職員がやめますし、人手不足が続いています。調査に行った時よりもレベルが下がっている感じでした。求人を出しても全然人が集まらない。この地域では自動車産業のほうが、介護よりよほど時間給がよい。地域の状況も影響していますね。

〈福祉の仕事での印象深いエピソードは?〉

大きな戒めとして、覚えているのは、老人保健施設の相談員時代、ショートステイを利用していたとても訴えの多い女性のことです。いろんなことで困っている一人暮らしの方で、後見人もついていましたが、話をすると一時間は放してくれません。相談員の業務が忙しい中で、その利用者に苦手意識がありました。ゆっくり話す時間が作れないことでも悩みました。ある時、タクシーで外出前に「話をしたいのだけれど」と言われたので、帰ってこられたらお聞きします、と送り出しました。パンの好きな方で、焼き立てのパンを買っての帰り、タクシーの中で突然異変が起きました。うつむいておられたので、靴ひもを直しているかと思ったら、心停止していて、思わぬ急死となったのです。話を聞きますね、と元気な姿を見送ったのに、お話しがきけずじまい。外出前に話しておけば、とすごく後悔が残りました。その時にやっておかねば、次の機会はないということを骨身にしみて感じました。この仕事ではやろうと思えば「今」しかないのです。

〈今後の抱負は？〉

小規模多機能型居宅介護をやってみたいです。デイサービスではできることが限られています。二四時間、いつでも利用者の生活を支えるためには、三六五日運営するハコものが必要と感じています。

第4章
ターミナルケアでできること

1　ディグニティセラピー——小森康永先生に聞く

当たり前のことですが、誰しも死からは逃れられません。いつかはかならず死がやってきます。突然なのか、ゆっくりなのか、それも誰にもわかりません。なるべく穏やかに、静かにその時を迎えたいですが、どうなるでしょうか？

亡くなるまでの期間を数か月単位で数えるような時期をターミナル期といいます。その時期になると個人差はありますが、意識が朦朧となる方もあれば、断固頑固なままの方もあれば、気の強かった方が急に優しくなったりと、様々な変化が見えてきます。家族として気がかりなのは、少しでも快適に過ごしてもらうにはどうしたらいいのかわからない、何もしてあげられない、なすすべがない、という無力感にうちひしがれることです。

医療でも介護でも、何もできないとなってからでも、まだできることはあるのです。それがスピリチュアルケアです（もちろん医療職・介護職でもスピリチュアルケアはできるのですが）。

ここで紹介する「ディグニティセラピー」は、カナダのチョチノフ教授の研究〝「尊厳」とは何か〟と、臨床体験から開発された、ターミナル期におけるスピリチュアルケアの一つです。国内では、愛知県がんセンター中央病院緩和ケアセンター長の小森康永先生が、実際に院内で実施されています。

小森先生にお話しを伺いました。

――「ディグニティセラピー」の特徴はどんな点にありますか？

生命予後が半年になった患者へのケアとして、コンパクトにまとまっているところです。そこが一番すぐれているところです。書かれたものが残るというのも特徴です。精神療法は普通は言葉、会話で成り立っていますが、これは文章を残すものです。ナラティブ・セラピーの手紙の技法とも、共通しています。亡くなる方だけではなく、ご遺族の方のためにも有用です。

――ディグニティセラピーの実施に対して、病院側の受け止め方はいかがだったのでしょうか？

厚生労働省の研究班（二〇〇七年）の仕事として、ディグニティセラピーを行っていました。研究として倫理委員会も通して始まったので、あやしげなものという見方はされなかったです。そういう意味では、導入するのは楽でした。ちょっと変わった精神療法的アプローチをやろうとすると、「エビデンスはあるのですか？」「そういうことは困りますね」、などと言われかねないのでしょうが、ディグニティセラピーは論文もしっかりあり、エビデンスもすでに出ているので、やりやすいかと思います。精神療法はそう簡単に医療者が納得するようなエビデンスが出ません。そのため、新しい療法を導入するのは難しいのですが、ディグニティセラピーはそれができていました（二〇一一年、カナダ、アメリカ、オーストラリアの病院などでの終末期の患者を対象にランダム化比較試験が行われ、効果が実証された)。私は、名古屋市立大学の明智龍男教授と一緒に研究をしたこともあり、二〇一三年にはチョチノフの入門書を翻訳・出版しました。二〇一一年、「終末期患者の苦痛と人生の終わりの経験に対するディグニティセラピーの効果」という論文が〝Lancet Oncology〟に掲載されました。チョチノフ氏が活躍しているので、とにかく評価は高いです。海外での評価も高いのではないでしょうか。

――ディグニティセラピーを導入後、病院スタッフの意識には変化はありましたか?

看護師はこんなことができるんだということが驚きだったようです。たいてい自分たちの知らないことが語られるので、患者への理解が増すことにもなり、入院中であるので、その後のケアにも影響を与えました。簡単にいうと、患者さんを大事にすることにつながります。一人ひとりを大事にすることを改めて、学ぶことになりました。

当院はホスピスのような時間の流れ方とも違いますが、一般病院のように救急の患者がたくさんいるような病棟ではないので、その中間のような感じでしょうか。がん患者さんばかりなので、看護師はがん患者へ奉仕しようという気持ちがありますし、(患者との)コミュニケーションは多いと思います。

――セラピーを行うのは基本的には精神科医や看護師などの医療従事者だと思いますが、家族が行うことも可能でしょうか?

家族でも可能かどうかは、家族によります。やっぱり、情動が動きすぎるとできないですね。家族はどうでしょう……、難しいのではと思います。

――高齢者に対して回想法が、最近よく行われているようですが、それらの療法との違いは？

回想法はテーマが決まっていないですが、ディグニティセラピーは質問事項が決まっているので、患者さんがしっかり考えないと答えが出てこないですね。

――ディグニティセラピーを受けた患者様の感想は？

ディグニティを体験された患者さんはあまりコメントしないですね。ご家族が読まれた後、驚かれて「こんなことをやってもらってありがたかった」と言われることはあります。今まで二〇例程度実施したでしょうか。これをやりたいという患者さんがいれば、やる体制はあります。オプションとなるものだから、一斉に行うものでもないですし、ディグニティセラピーの本を読んでやりたいという患者さんがいれば一番いいのですが。

私が、愛知県がんセンター中央病院に赴任したのが二〇〇六年四月です。ホスピスの精神腫瘍学は専門ではないので、名古屋市立大学の明智先生のところに勉強のため通っていた時に、ディグニティセラピーの文献をもらいました。論文をすぐに訳して、その翌週に第一例の実践を行いました。明智先生も実際には行っていなかったので、「こんなふうにやりましたよ」と言うと、「すぐできるんだな」と驚かれていました。一番はじめに公開されたディグニティのケースは、私が行ったケースです。ホームページに公開している女性の事例で、当院での最初の事例です。ディグニティセラピーのことは明智先生から教えてもらいましたが、以前からやっているナラティブ・セラピーとなんら矛盾なく、このようなことならすぐできる、という感じでした。

実施するのには何も抵抗はないですが、行う対象を探すのが難しい。質問があって、答えていく形なので、患者さんが答えるのが大変です。面接を設定してやっていくのは難しくないですが、「書いたものを残したい」と思う人を見つけるのが一番難しい。そのため当院では、ディグニティセラピーについてのチラシを作って置いています。身近に寄り添うスタッフは、ディグニティセラピーに希望を持つことができると思います。

――ディグニティセラピーと、統合失調症などに有効とされる、オープンダイアローグとの接点はありますか？

オープンダイアローグはもともと、ナラティブ・セラピーから発展したものです。トム・アンデルセンの実践があり、その手法をパッケージしたのが、オープンダイアローグです。ナラティブ・セラピーは大きな主たる三つの学派がありますが、そのうちの一つがアンデルセンの学派で、型がないやり方です。本質をとらえるのが難しく、いちばん理解しにくいセラピーです。

――ターミナルケアを行う側は、時に無力感が大きくなります。ターミナル期の取り組みとして、ディグニティセラピーは大変意義深いものだとわかりました。

※参考文献：『ディグニティセラピー』H・M・チョチノフ、小森康永・奥野光訳、北大路書房、二〇一三年。『ナラティブ・メディスン入門』小森康永著、遠見書房、二〇一五年。

2　チャプレンの仕事——淀川キリスト教病院・藤井理恵さんに聞く

キリスト教精神を医療に反映させた全人医療を医療理念に掲げた大阪市の淀川キリスト教病院は、国内で二番目にホスピス病棟が作られたことでも知られています。宣教部の常勤チャプレンとして、命の限界を前にして、それでも希望を伝えていくというお仕事をされている藤井理恵さんにお話しを伺いました（施設付き牧師のことをチャプレンと言います）。

〈淀川キリスト教病院設立の経緯とチャプレン〉

アメリカの南プレスビテリアンミッションが、当時病院が少なかったこの地に一九五五年に病院を作りました。医務部、看護部、事務部と部署が分かれ、設立当初から伝道部もありました。もともと病院が作られたのは、神様からの魂の癒しを医療を通して伝えることが目的です。

私は、この病院のチャプレンになって、二六年になります。私の属するチャプレン室には全部で七名のスタッフがいて、病院チャプレンとしては五名が患者さんのケアにあたっています。牧師であることがチャプレンになる前提になるので、日本キリスト教団などの所属教団で牧師としての資格を取っています。海外の神学校を卒業したスタッフもいます。病院チャプレンとしての教育はそれぞれの神学校で行われています。

――病院チャプレンとして仕事をするためには牧師となり、その過程でチャプレンの教育を受ける形でいいのですか？

基本的には、チャプレンとしてのトレーニングを受けるというよりも牧師である、ということが大前提で、その上でこういう働きをしたいという方が仕事をしています。カウンセラーの資格を持つ方もいて（私は「臨床パストラルカウンセラー」の資格を持っています）、それぞれが牧師として神様の言葉を伝える、魂の癒しとして、働きをしています。

〈具体的な仕事の内容〉

ホスピスの患者さんだけでなく、入院患者さん全員にかかわります。ＮＩＣＵ（周産期集中治療室）の赤ちゃんから、ホスピスまでの患者さんを、分担して病棟をまわっています。

前日入院された患者さんには、翌日必ず「ご入院中のみなさまへごあいさつ」（チャプレン室作成）と週報（聖書の言葉と礼拝のスケジュール掲載）を持参してあいさつをします。私はホスピスの担当ですが、患者さんとの相性もあるので、チャプレンと患者さんとのコーディネートも行ったりします。患者さんにはあいさつには行きますが、すべての方に密接にかかわるわけではありません。

患者さんの中にはチャプレンという役割に対して、宗教をおしつけられるのではないか？　と思われたり、宗教の力はいりません、と言われる方もあります。チャプレンを求めてこられる方にはかかわっていきます。

NICUで障がいをもって生まれてきた赤ちゃんと母親などに対しても、週一回カンファレンスをします。認定看護師、心理カウンセラーとチャプレンの三人でカンファレンスをして、援助が必要な方のところへ行くこともあります。障がいをもって生まれてくる子どもへの援助もしますし、この病院で亡くなった方にはお別れ会などもします。

毎朝礼拝があり、昼には聖書についての放送が病室に流れます。それを聞いて（キリスト教に興味がなかった方でも）もっと深く知りたいと思う方もあります。病院からの広報で関係ができてくる方もありますが、それよりも担当の看護師から、不安が強い方、かかわるのが難しい方、（症状や心理面で）どうにもならない方、などが紹介されてくることが多いです。ただ紹介があってもご本人の了解がえられないと、関わることは難しいので（関係を築く前に関わること自体が難しい）、了解を得てからお話しを伺いに行きます。

〈ホスピス病棟でのチャプレンのかかわり〉

ホスピスは一五床ですが、平均入院日数は二週間くらいです。待っている方も多いですが、在院日数が短いので、案外早く入院できることもあります。

患者さんから伺った話はカンファレンスで共有したり、電子カルテに記入したりします。病院の一スタッフとしてケアに必要な情報は共有し、当然牧師の立場でもあるので、守秘義務も守ります。家族と話すことや、家族へのケアが中心になることもあります。ホスピスでも週に一回はカンファレンスがあります。亡くなる方も多いので、月曜の朝には前週に亡くなられた方を思い、祈りの時間を設けています。その祈りから一週間が始まります。

亡くなってから三か月くらいで、グリーフケアとして行う「すずらんの会」があり、その案内をしています。出席は自由で、グリーフケアのボランティアカウンセラーが来てくれます。チャプレンはファシリテーターの立場で参加します。チャプレンがお祈りをしてから、何を話すということも決めないで、自由に話してもらいます。半年たってからの遺族会もあり、元気だった頃の患者さんのスライドをうつしたりする機会を持ちます。キリスト教では仏教の法事にあたるものはなく、毎週の礼拝と年に一回の記念礼拝があります（毎週の礼拝には、天にいる者も地にある者も共に礼拝をするという意味があります。召天者記念礼拝は毎年一回あります）。

キリスト教では亡くなった方は天国に行かれるので、遺された者が何かをしないと成仏できないとは考えないのです。遺族の方が記念会をしたいといわれれば、ご希望にお応えしています。

〈病院チャプレンとしての寄り添い方〉

患者さん一人ひとりの悲しみ・苦しみはちがうので、共感しつつ、受け止めています。チャプレンとしてこうかかわるべきというものという形はないので、それぞれのチャプレンによってかかわり方は違うでしょう。

パンフレットなども「いらない」という方には渡さないこともあります。キリスト教に関心のない方などもおられるので、それぞれの心情は尊重します。無理やりに入っていくことはできません。こちらとかかわりができるということは、相手もかかわりをどこかで求めているということだと思います。

週報は毎週出しているので、その都度持参して患者さんのお顔は見ることになります。患者さんから何かよい言葉を聞かせてくださいと言われた時には、聖書の言葉を紹介します。それが患者さんの心にすーっとしみこんでいく場面に数多く出会いました。感情が動いて、落涙されるような時には神様が働いていると感じます。

神様を通して、いろんな痛みに対するケアができます、本人にどんなに自己否定感があっても通用しない、絶対的な（生の）肯定感があるのですが、それを背負って立っているのがチャプレンです。誰であっても人の心の内をのぞいてみれば許せないことばかりですが、神様からは肯定されているのです。それを伝えるのが私たちの役割です。

それが最期の希望にもなります。一緒に祈るのですが、患者さん自身も様々な限界の中で生きていますし、チャプレンも患者さんのすべてを理解できないという限界と、一人の人間としての限界もあります。その限界を感じているもの同士がそれを超えたものとつながっていることによって、私たちもつながっているという感覚があります。ケアをする側・される側という枠を超えて、無力な人間同士が、それを超えるものとつながることによって、支えて支えられてという関係に結び直されるのです。

神学校からのチャプレンの研修の依頼もきますので、私たちがスーパーバイザーとして後輩の牧師やキリスト教徒のケースワーカーを育てるような働きも、今後は必要になってくるのかなと思います。講演会でチャプレンの話をする機会はありますが、（このような働きが）草の根的に広まっていけばいいなとも思います。

〈病院でのお茶会〉

ホスピス病棟では定期的にお茶会を開いています。ボランティアの方に歌ってもらい、チャプレンが聖書を短くまとめた話をし、お茶をふるまいます。そこで患者さんと顔を合わせて、話をします。死や命や価値観の問題について聖書を通して考え、触れ合う場としてとらえています。自分の苦しみ、生きている意味などがわからない場合、その場から意味をくみとってもらえたらと思って話しています。

チャプレンと一対一では話せないことでも、そういう場では話ができたりもするのです。またお茶会に来ている方同士で「あなたのご病気は？」というような会話から関係ができてきたりします。宗教とは関係なく、話ができるケアの場と考えています。家族の方が話をして帰られることもありますね。

他には、大切な方をなくされた遺族の方への、がんサロンを月に一回担当しています。

〈チャプレンの真価が発揮される時〉

人生最期の段階に入った場合は、横の関係では癒されないこともあります。縦の関係（神から無条件に愛される人という関係）、または横の関係を包み込む関係が必要になる時期がくるのです。いのちは神様によって与えられたものです。いのちが与えられて生かされているのならば、そのこと自体が意味であることに気づかされていく人もあります。特に自分が生きていることに意味があるのかと問う時には、ほとんどの人が何かできることやすることに、また何かをできるかできないかによって、人生の意味や価値付けをしています。でも、私たちはできるかできないかではなく、そこにいのちを与えられたこと自体が意味であると考えます。生きる意味がわからなくても、神からつかわされたいのちを生きている。生きていることそのものが、どんなに尊いことであるかと思います。

その点ではキリスト教徒か否かにはかかわりがないのです。ああ自分も生きていていいのだ、このまで赦されているんだ、という思いです。横のつながりのどんなに親しい方からの「生きていてもいいのよ」とのお声掛けとも違って、「あなたはそれでいいのだ」という宣言、縦の関係での大きな言葉の強さ。人生振り返るといろんなあやまちがあり、それを謝る人もいなくなっていたとしても、「あなたのすべて赦されているのですよ」という神からの宣言が必要になります。

その時、縦の関係や包み込む関係があることを伝えるのがチャプレンの役目です。死は人にとって大きな節目ですが、死は終わりではなく通過点であり、その後には次の神様の世界があります。その視点を受け入れるならば愛する人との絆も断たれないし、限界~死~を超えるものとつながっていけるということを、患者さんに紹介するのがチャプレンの大きな働きと思います。宗教色なしでチャプレンをやる方もありますが、私はそれでは癒されないものがあると思います。もちろんキリスト教でなくても、それぞれが持っている宗教でかまわないのですが。

人生最期には横の関係を超えたものでしか解決できないこと、癒されないことがあり、そこに関わっていけるのがチャプレンの真の働きです。患者さんと向き合う時にはカウンセリングの傾聴や共感の技法も大事ですが、関係が築けた場合には神様との絆を示すことが重要になります。

〈洗礼を受けたいと言われる方へのかかわり〉

ある程度時間に余裕のある場合は、一緒に聖書を読んで準備をしてもらってから、希望者には洗礼を受けてもらいます。この病院に勤務した二六年間で、一二〇名以上の方が当病院で洗礼を受けておられます。初めて宗教に触れた方でも、自分の最期を神様にゆだねていきたいと思われるのでしょう。最期の思いを人にゆだねようとしても、その思いは生身の人間にとっては重すぎてゆだねられないでしょう。しかし、神様にだったら、傷ついてぼろぼろの自分であってもゆだねられる。患者さんが洗礼を受ける場合、家族さんや友人も一緒に洗礼を受けると言われることも少なくありません。（キリスト教に帰依することで）家族にとっては死にゆく人を失ってしまうのではなく、大事な神様にお返しするというとらえ方ができるのです。自分もやがていつかは天国に行って再会できます。地上では話ができませんが、関係はつながっているのだという気持ちでゆだねることができるのですね。

〈たましいの痛み：七つのスピリチュアルペイン〉

スピリチュアルペイン（根源的な痛みとも訳される）はなじみのない言葉かもしれませんが、存在の根底に関わる問いかけや苦しみ、と考えます。

①苦しみの意味。「なぜ病気になったのか、この苦しみにはどんな意味があるのか」と問いかけます。②いのち（生きる）意味。人のお世話にならなければ生きられない自分のいのちに意味があるのかと問いかけます。「（苦しさのあまり）殺してくれ」と言われる方もあります。③価値の転換。これまで価値あるものと思っていたもの（仕事・ライフワーク・友人関係・お金など）が自分の人生の最期を支えて

くれない、と気づき、価値の転換が起こる。④身近に友人や家族がいても逝く時には自分一人であるという孤独。⑤最期まで信じていた自分を頼っていくんだと思っていても、自分の力の限界もきます。この限界は、肉体の限界よりも自分を信じることや自分の力の限界の方がスピリチュアルペインとしては大きいです。また身体症状が全くコントロールされていない場合は、スピリチュアルペインを感じることすらできない苦痛があります。⑥今までしてきたことへの罪悪感。自分がしたことも許されたいし、ごめんねといわれても許せなかったこともあるでしょう。⑦死や死後の不安。死はどのように訪れるのか、死んだらどうなるのかという思い。家族にとっては愛する人はどうなるのかというような不安。

それらの苦しみをもつ方に縦の関係の中で、答えを見つけてもらえたらという思いで傍らに寄り添い、必要に応じて聖書の話をします。これを信じたら楽になりますよというアプローチは一切しませんが、縦の関係でしか救われない場面が必ず出てくるので、その時には聖書の言葉などをお伝えします。

〈初めてかかわった患者さんの思い出〉

私はクリスチャンの家庭で育ちましたが、自覚的に信仰に目覚めたのは、薬剤師として製薬会社に就職した後、そこでの様々な経験からです。チャプレンとなって最初の患者さんに旅立たれた時に大きな喪失感があって、支えていたつもりが本当はその方に支えられていたんだなと感じました。どちらも無力なもの同士が支えたり支えられたりしているということが起きます。心理職と同じく対人援助の技術的なことも必要ですが、チャプレンとしてはその部分には頼らず、横よりも縦のつながりを大事にしてかかわっています。これまで出会った患者さんから、命がけで育ててもらったと思います。

〈特に印象深かった患者さん〉

「死なせてほしい」ここに死ぬ薬を置いていってほしい、と言われていた患者さんがいます。私はあなたに生きていてほしいといっても、その方は納得しないのです。六一歳の悪性リンパ腫の男性でしたが、治療はしないという選択をされ、ホスピスへ入院した後、（ターミナル期ではなかったので）一般病棟に移られました。「自分は死んだらいいんだ」と繰り返しておられ、そのお気持ちをひたすら聞いていました。横の関係では支えてくれる方もないし、家族関係もよくなかったので、誰にとっても死ぬことが一番いいと言われる。病気である、何もできない、できないと生きている意味がない、死んだほうがいい。その繰り返しで、その固定観念が頭から離れないのです。「本当にそうですか？ いのちがあるということは、そういうことではないのでは？」という思いを少しずつ伝え、本人の頑なな思いを崩せる部分を探し続けました。本人の思いをすべて否定することもできませんでしたし。

そんなことを一か月くらい続けて、「自分は死のうと思っているが、死ぬための薬も入手できないし、死にたくても死ねないのは生かされているということかな」と言われたのです。気持ちが変わっていかれたのを感じました。「もし自分を生かしているものがあるならば、それは何だろうか？」といわれ、「それは神様に生かされていると思います」と答えて、そうして聖書の言葉を読んでいきました。『疲れた者、重荷を負う者はだれでもわたしのもとに来なさい。休ませてあげよう』。人生は重荷をおろせる場所を探す旅のようなものだと思います。聖書の言葉が心の中にしみ込んでことでお気持ちが変わり、治療を受けることにも同意されました。

それから五年ほど過ぎて、今は在宅生活をされています。昨年洗礼も受けられました。その方の今までの生きる目的は達成感でした。でも達成感はなくても、生きている意味がある。生きていることそのものに感謝できる。「テレビを見てるだけの毎日やけど」と言いながら、生きていることに喜びと感謝を感じられているのです。

何かができるから生きていていい、できないから生きる意味がない。というとらわれから抜け出して、生きていることそのものに意味を見出した時に、人は自分を相対化できると思います。自分のことは自分が一番よく知っていて、だから死んだ方がいいなどと思う時には自分を絶対化しているのです。だからそれ以外の考え方や視点を受け入れないのです。でもそこに違う視点が入った時に相対化されてしまう。こうでなければならないという枠が外れ、そのままでもいいと思えるのでしょう。

「あなたは誰にもかえがたい存在だ」というメッセージが聖書にはたくさんあり、それらの言葉に触れていくことによって、神様から大きな赦しが得られている、愛されていることに気付くのです。自分が病気になって、介護される立場になるのが許せない思いもあったようですが、「神にもたれかかって生きたらいい。生きる意味は達成感ではなかった」ということを理解されたようです。その方からは、たくさんのことを教えてもらいました。

〈今後の抱負は〉

生産性や効率性が重視されていて、落ちこぼれていく人が多いですね。制度の問題もありますが、人間はそんな尺度だけで価値を決められるものではないということを本当に一人でも多くの方に知ってほしい。病院の中でできることは限られていますが、この仕事を通して、一人ひとりが価値のある尊い存在なのだと知ってもらいたい。それだけです。私ができることはここでの働きを誠実にすることだけですが。

「わたしたちのすることは大海のたった一滴の水にすぎないかもしれません。でもその一滴の水があつまって　大海となるのです」というマザーテレサの言葉があります。私も誠実な一滴であればいいと思います。患者さんから教えてもらうことのほうが本当に多いです。どの出会いも神様が機会を作ってくださっているのです。

チャプレンになるのはどうすればいいのですか？　と一般の方から訊かれますが、チャプレンとしては、牧師として縦の関係～信仰～をもっていることが大切です。「あなたをここに置きましたから、今日もやってくださいね」と言う声を聞き、神様にお祈りし、助けてもらいながらやっています。病院チャプレンとしての教育や訓練より、牧師として神様に呼ばれているという召命感、それが大事。教育と訓練だけでなれるものではないと臨床の現場では強く思わされています。自分の中に縦の関係がなければ患者さんの前に立てませんね。

※参考文献：『たましいのケア』藤井理恵・藤井美和、いのちのことば社、二〇〇九年。『わたしをいきる』ふじいりえ、いのちのことば社フォレストブックス、二〇一五年。

第5章
介護の時をゆたかにしてくれる10冊の本

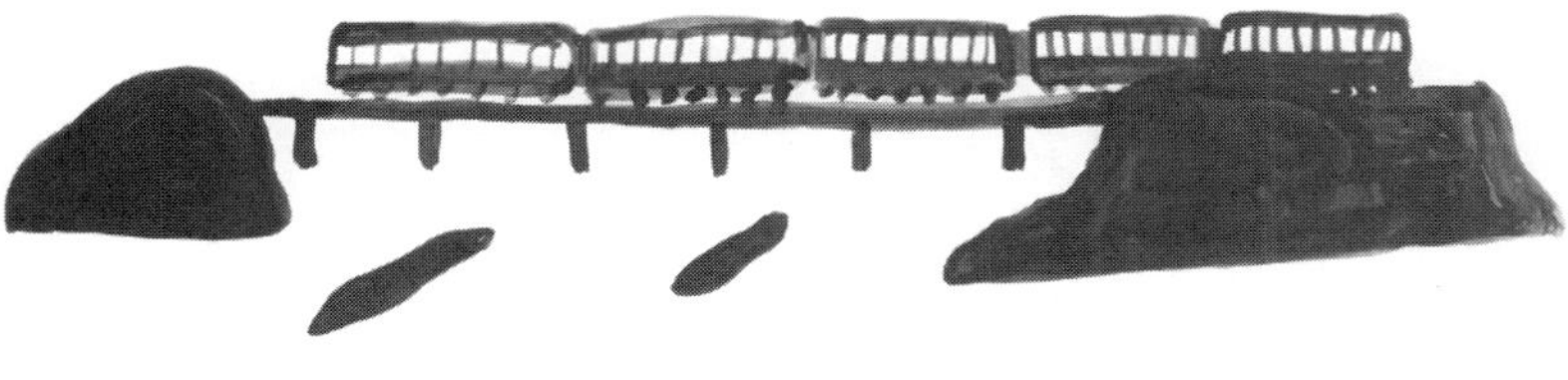

私が社会福祉の仕事に就こうと思った根っこにあったのは、Human interest：人間性への興味である。

高校時代に入った手話サークルでのろうあ者とのかかわりを契機として、いろんな自発的活動を通してかかわった障がい者や高齢者に大きな人間的魅力を感じ、生きていく力をもらった。一人ひとりが担っている荷物の大きさや形は違っても、それぞれが荷物を抱えていたり、ひきずっていたり、隠していたりすることはみな同じなのだと気付かされた。

生身の人間と絆ができる以前には、多くの小説の登場人物の人生や価値観を知ることで、勇気付けられ、生きる力を得て、助けられてきた。偏差値や外見や権力だけがこの世を支配する価値ではないと胸の底に落とし込むことができたのも読書のおかげだ。私は人間性の多様性を書物から学び、福祉の仕事をする中で現実に生きている人間の多様性を知ることとなった。

しかし、一般社会では〝多様性〟のお題目が叫ばれながらも、画一的な介護予防、認知症予防、アンチエイジングが流行である。日本には〝老人〟がいなくなった。それは医療と栄養状態の改善、余暇時間の増加、老年学の進展、美容整形技術の進化などなど、いろんな要因があるのだろうが、本当に老化は憎い敵なのだろうか？　ギリシャ彫刻のような肉体美を標準とするなら、身体的な機能低下はやっかいなことだし、つらいことにはなる。けれども人間は知恵を使って道具を作ってきたのだから、それらを活用し、高齢や障碍の特性に合わせた生活を再構築すればよいのではないだろうか。

――としをとるのはステキなことです　そうじゃないですか

忘れっぽいのはステキなことです　そうじゃないですか
悲しい記憶の数ばかり
飽和の量より増えたなら
忘れるよりほかないじゃありませんか

（「傾斜」中島みゆき）

長年閉じこもっていて認知症になったとしても自己責任と責められてしまうのか？　赤ん坊は泣くのが仕事であるように、老人は忘れるのが仕事だと寛容な目で見てほしい。財布だの実印だのの置き場所を忘れたとしても、「もののあはれ」は深く感じられ、日々の暮らしの中に小さな楽しみがまだまだある。介護者との会話、ペースト食の中のだしの味、太陽のまぶしさ、銃声の聞こえない家の静けさ……。ゆっくり自分の生き方を振り返り、自分の葬式の有様に思いをめぐらす。もし寝たきりになったのなら、何より時間がたっぷりあるのだから、長編小説でも読んで長い一日を過ごせばいい。

どんな世代の方にとっても、良書に触れることはこころをゆたかにしてくれる。本を読むなら、琴線に触れる本をと思い、老人や死をテーマに扱っている世界文学の傑作ベスト10の面白さを、福祉の仕事を経験した私の視点から紹介している。これらの本は、若い時代に夢中になって読んだ作品だが、寝たきりになってから読みたい作品でもある。また、介護をする家族や職員も、疲れたり、心が折れたりした時に、手にとって読んで、考えてほしい。高齢者の姿、そして自分自身のこころや生きる意味が見えてくるに違いない。

1 リア王 シェイクスピア（イギリス）1604~06年頃

一作目として、英国文学の金字塔のシェイクスピアの「リア王」を取り上げる。若いころに読んだ方も多いだろうが、傑作は一〇代で読んでも、七〇代で読んでも、新たな発見があるもので、病院の床頭台におくべき本ではないかと思う。

あまりに有名な戯曲であるし、演劇で見た方もあるだろうが、すこしストーリーに触れておく。ブリテンの王・リアには三人の娘があり、王自身はそろそろリタイアし、広い領土を三つに分けてそれぞれの娘に「生前贈与」をし、ゆったりとした老後を過ごそうと目論んだが、見事に娘二人に裏切られ、胸が破れるという物語である。

これはすべての老人、すべての親を見舞う普遍的な災厄だと思われる。リアの姿は多かれ少なかれ、すべての親の末路である。

老人には語るべき未来はなく、粉飾された過去があるだけなのだ。その粉飾された過去のうちでもとりわけ、大きく脚色されるのは自分の子育てにまつわるあれこれなのである。親としてはこれだけのことをしてやったと親業を大きく見積もるのだが、子からすればそれは当たり前のことであるので、むしろ過小評価がなされてしまう。つまり親の愛情は親側からは海のような深さと思われても、子から見れば水たまりでしかない。子はまるで自分一人で大きくなったかのように、親を疎んじる。

リア王の中では、この現実がありありと描かれ、丁寧に見せてくれるので、子から捨てられるのは自分だけではなかったのだと、大いなる慰めになる。

しかし、リアの悲しさはどこからくるのだろう？　王として崇められてきたことからくる慢心か、老いて真実を見る目がぶれてきたせいなのか、自身の老化を受容できないことなのか？　三人の娘たちから同じように愛されているという虚構が崩れ、本物の愛情を寄せてくれたコーデリアのこころが見えなくなってしまったこともあるだろう。長女と次女の本心を見なければいけないこと、自分の愚かさに直面せざるをえないこと、自身のニーズに誰も耳傾けてくれない孤独が重なって、ついに狂気に追いやられる。嵐の中で叫ぶリアは、セルフ・ネグレクトの弱者である。

ここで日本のケアマネジャーに登場願い、あてにならない娘や義理の息子に代わって、リアのニーズを聞き取って、ケアプランに落とし込んでもらうこととしよう。まずリアの「生活上の課題（ニーズ）」は「国の統治という重責から解放され、やさしい娘たちのあたたかい庇護を受けながら、退位した王としてふさわしい尊厳を維持していきたい」とでもなろうか。これに対応する長期目標としては「（今後かかる介護費用はすでに贈与済みなので、そこから必要分は支出可能）これまでの家来の雇用を継続し、今まで通りの豪奢な生活ができる」。短期目標としては「（末娘は勘当同然にしてしまったので）長女と次女の邸宅にそれぞれ一か月ずつ交代で住まうことにより、二人の介護負担を軽減し、物心両面で不自由のない生活が送れる」。ここでキーパーソンを誰にすべきかと、ケアマネジャーはしばし、思案する。本来はコーデリアを説得して、キーパーソンにすべきだろうが、形式上はやはり長女のゴネリルとして、ケアプランを説明し、同意を……。

ゴネリル「退位した王にまでなぜ、尊厳が必要なのかしら？　納得できません」

ケアマネ「ではここは、退位した王として見苦しくない矜持を維持、に修正します」

ゴネリル「まあ、それなら許容範囲です」……

架空の担当者会議はこのくらいにしておくが、リアのあやまちは愛されることだけに執着したことではないだろうか。後に紹介するゴリオ爺さんとはまったく対照的である。愛されることばかりを望み、愛することをリアは忘れている。

この戯曲では人の知恵の浅はかさ、自己中心性、悪巧みなどが、すべて無に帰すことになり、コーデリアの純粋さも報われることなく、ついえてしまう。人間の浅知恵はすべて、鴻毛のごとく軽く扱われ、それよりも大きなものは何なのかという問いが差し出されている。

2　夕映えの道　ドリス・レッシング（イギリス）1983年

これは女（あるいは少女）であったモーディ・ファウラーが、どのようにして偏屈な老女になっていくかを克明に描いた物語である。今では「魔女」のようなモーディにも、夢のような子ども時代や心ときめく恋に泣いた娘時代があった。それを中年女性のジャンナが聞きとって、日記に書きとめることによってその思い出は鮮やかに蘇る。それはイギリスの第一次大戦から第二次大戦、そして一九七〇年代ころを背景にした、庶民の歴史でもある。

ジャンナは女性雑誌の副編集長をしていて、完璧で贅沢な装いをアイデンティティにしているキャリアウーマンで、病気や高齢者には全く関心はなかった。それがある時薬局で、九〇歳を超えたモーディに出会うことで、二人の間に友情関係が築かれていく。ほんの近所の古い住居の物質的窮乏の中で、大きなプライドを失わず生きている女性がいることにジャンナは驚嘆する。

モーディは文字通り食うや食わずにもかかわらず、猫まで飼っていて、自分の世話（身体が思うように動かないので）と猫の世話で毎日が戦いなのである。その地域担当のソーシャルワーカーも気にしていて、施設入所やヘルパーの利用などをすすめるのだが、モーディは頑として拒絶する。どこから見ても、彼女は超困難事例である。具合が悪くなっても入院を拒否、通院も拒否、頑固で偏狭で、被害妄想的でもある。

それがなぜかジャンナには少しずつ心のドアを開いていき、ジャンナも彼女の心に触れていくことになる。この二人が共鳴していく過程は丁寧に捉えられ、本当に興味深く読める。ジャンナが心ならずも始めたケアはソーシャルワーカーのおざなりな関心ではなく、本物の友情からのケアなのである。だからジャンナは〈バイステックの七原則〉の第三原則「統制された情緒的関与」などくそったれとばかりに、世話を拒否するモーディをののしり、感情をめいっぱいにぶつける。痛快である。

そして心以外、何一つ持たないモーディがジャンナにお返しとしてできることは、ただ語ることである。それは事実も幻想も被害妄想も何もかもごちゃ混ぜになっているが、モーディにとってはただ一つの真実のものがたりである。十分に働けなくなって以降、今までは不遇だったかもしれないが、「いま、ここに」いるジャンナが話を聞いてくれる、モーディの人生に関心を持ってくれたということが何よりも大事なことになる。

また、モーディは決してありがとう、とは言わない。便失禁で大変なことになっていても「洗ってほしい」とは頼まなかった。病院では「看護師が身体を拭いてくれた」と言って、ジャンナの顔を見ただけだ。清拭をするための物品が見当たらないものの、ジャンナは湯を沸かして必死の思いできれいにした後、「感謝していないなんて思わないでね」とそっけなく言われる。

それでも、モーディの人柄の魅力で、ジャンナは彼女が亡くなるまで、きちんと看取る。なぜソーシャルワーカーでも、「よき隣人」でもない、ただのご近所さんであるジャンナがそこまでかかわったのかまでは描かれていない。示唆されるように母と夫の看取りができていなかったジャンナ自身の罪悪感なのか、キリスト教精神なのか？　わかっているのはジャンナにとって、それは必要なことだった、ということだけだ。五〇歳近くのジャンナは人の背中をさすることさえ、「やり方がわからない」という。それがモーディのケアをする中で、困っている隣人の顔の表情をきちんと読めるようになる。一人の未熟な女性が、ケアを通して、人間として成熟できたビルドゥングス・ロマンとしても楽しめる。
※レッシングの著作では「黄金のノート」もおすすめ。とても読み応えがあり、興味深い作品である。

3　母の眠り　アナ・クィンドレン（アメリカ）1994年

主人公エレン・グールデンが留置所に収監されるプロローグから、物語が始まる。留置所に収監される理由は母親殺しである。このように一見衝撃的に始まる作品だが、人がどんなふうに生き、どんなふうに死んでいくかを丁寧に見つめた真摯で、深い小説である。

エレンの母ケイトは大学教授の妻となってから、家庭的な専業主婦として生きてきた。ケイトは四六歳で末期のがんと診断され、大学まで主席で通し、ニューヨークで順調にキャリアを築いてきた長女が「介護離職」をして、その看取りをするのがたての軸のストーリーである。娘はキャリアを中断して介護や家事雑用に追われることにも不満を感じている上、父との葛藤で複雑な思いでいる。ほほえましいのはまだ症状が深刻でなかった時、母娘二人で「グールデン・ガールズ・ブック・アンド・クック・クラブ」と名付けた会を作り、古典文学を読み直したり、母から料理を教えてもらうシーンだ。

やがてケイトは体調が悪化して、家事が思うようにできなくなる。家の中をきちんと、完璧に整えてきたケイトにとってはそれがつらく、特にクリスマスを迎えて、そのための料理ができなくてイライラする。そのうちに体の痛みが生じてきて、モルヒネをたくさん使用するようになり、ＡＤＬが落ちてくる。しかし、娘から身体介護は受けたくないと母は必死に自分で身の始末をしていた。ある時どうしてもバスタブから出られなくて、エレンに自分の痩せ衰えた裸身を見られてしまい、どちらもが非常にショックを受ける。

何よりも毎日毎日、母の介護に追われ、エレンは社会的に孤立をする形になって、一種の介護うつ状態に陥っていくのがよくわかる。表面的に読めば、よくある親子の葛藤劇か、と思われる節もあるが、横糸には母の「女の一生」が語られる。ケイトは夫からの裏切りに対しても、それを甘受し、なんでもないふりをしてきた。それは一人の女性の生き方としてはとても貧しい生き方かもしれない。しかし、人を愛するということは一〇〇パーセントその人を受け入れることに他ならないとすれば、母は夫を愛し通し、「理想的な妻」「よい家族の演出者」として納得して人生を送ったのだと言えるだろう。

そしてエレンは母の看病を通して、人生は野心を持って突き進むだけのゲームではなく、地に足をつけて素朴な生活を生きることもまた人生のあり方だということを見出した。人生には必ず、陰陽がある。ここでは母は陰、娘エレンは陽の姿をとっている。しかしエレンは帰宅して陰に寄り添うことで、目立たないように生きてきた母が本当はとても重要な家族の扇の要になっていたと気づくのだ。この気づきはエレンにとって、ターニングポイントになる。「どうでもよい」家の中のこまごましたことの重要性とそれを維持することの難しさに気づき、母親の真の姿を見出すことになる。

またこの作品の中で真のテーマである「死の真実」は最後のシーンで凝縮して展開される。父は娘が「決断をした」と誤解をした上で納得している。娘は娘で父が根負けをして「決断をした」のだと誤解をしていた。それは表面的には罪なのだというが、どちらもそれは罪だとは考えていない。しかし真実は違っていた。「(死の)決断をした」のは、父でも娘でもなかった。

医療・福祉分野で仕事をする者にとっては、人が尊厳を保ちながら生きていくことができなくなった時、本人も家族もどうふるまえばいいのか? という重い問いに直面させられる。

※クィンドレンの作品では、ドメスティック・バイオレンスを真正面から取り上げた『黒と青』がすばらしい。

4 まごころ ギュスターヴ・フローベール（フランス）1877年

この小説は「三つの物語」のうちの一つで、フローベールの作品中では短い小説である。短くて、シンプルで、深い物語なのである。

主人公の女中、フェリシテは特にこれという個性のないごく平凡な女性である。フローベールの真の手腕はこの何の変哲もない一人の女性の生活を、シンデレラのような劇的な人生とだって取り替えたいと思わない、ただ一度きりの尊い人生として、提示してくれる見事さにある。

フェリシテは失うべき財産も美貌もなしに生まれて、持ち合わせているのは失われた愛情生活の思い出と「まごころ」だけである。そんな彼女の人生にも、キラキラと光る木洩れ陽のような瞬間――彼女の愛情の対象の世話をし、心から愛したとき――があった。最初はご主人の娘ヴィルジニー、そして甥っこ、そして鸚鵡のルルである。フェリシテの愛情は見返りを求めない、無償の愛情である。それだけではなく、路上の見知らぬ兵士にまで、献身的な愛情を注ぐ。その有様はフェリシテの心の中に、一つかみの悲しみが投げいれられたら、蒸留されて、やさしさとなって溢れ出すかのようである。今、介護を受けておられる方にとっては、彼女のようなヘルパーやナースがいたらなあと羨ましくなるのではないだろうか。

フェリシテの人生には、失恋や、可愛がっていたヴィルジニーと甥の死など悲しみの波ばかりが押し寄せるのだが、彼女の人生にもクライマックスがある。ヴィルジニーの悲しい思い出にひたっている時に、雇い主であるオバン夫人と階級差を超えて抱擁し、思う存分に泣いたことである。

そして、晩年のなぐさめとなるのは、鸚鵡のルルである。この鸚鵡は大きな存在感があり、家の中で傍若無人にふるまって「ボンジュール」などと叫び立てる。この鸚鵡が突然死に、その世話が終わるころ、フェリシテ自身の老化の自覚と体の衰えがやってくる。

耳が聞こえなくなり、片足を引きずるようになり、目も衰え、やがて「老人の友」の肺炎にかかる。他人の世話ばかりしていた彼女も、寝付いてからは近所のおばあさんからの世話を受けることになる。彼女の死の場面の背景には、祭壇の色とりどりの供物が描写される。その中には剥製になったルルの紺碧の頭も見える。

彼女の生命の火が消えた瞬間、ルルは蘇って大空を羽ばたく。その幻は美しい。彼女の魂はルルの翼に乗って、天空へとかけあがったにちがいない。

この小品を読むと、人の命の重さには貧富の差も、社会的地位の格差も、幼若も、男女の差も何もないのだと、胸に落ちてくる。一人ひとりがずしりと重い、消えてはならない生命の火をたずさえていることを思い知らされる。その火を華々しく燃え上がらせる人もいれば、線香のように小さくあるかなきかのようにくすぶらせている人もいる。大きく見える炎も小さな炎も、価値は変わらない。

フェリシテの人生は、地味な人生かもしれないが、ゆたかな人生である。このゆたかさは人間のゆたかさである。そのことにも気づかせてくれる。フェリシテの心の中に福祉の原点、他者への深いこころ寄せがあるのを感じる私は、フェリシテのような生き方に憧れる。悲しみを当たり前のこととして受け入れ、喜びは束の間の僥倖として追い求めない。

読むたびに人のこころを信じよう、人の存在によりかかっていこうと思わせてくれる。

※フローベールのおすすめは『感情教育』である。読むと生きる希望が湧いてくる傑作である。

5 ゴリオ爺さん　オノレ・ド・バルザック（フランス）1835年

この小説は、タイトルのゴリオ爺さんの引退後の生活を中心に描いているが、パリのとある下宿屋の住人、一九人の群像劇ともなっている。やもめ暮らしのゴリオ爺さんも美しい娘二人への盲目の愛情で忘れがたく印象深い人物であるが、この「中の下」程度の下宿の顔ぶれもそれぞれにふるっている。主要な人物であるウージェーヌ・ド・ラスチニャック。彼は法律を学ぶ大学生で、大変なイケメンで野心家なのだが、家が貧しくてパリへうって出るための肝心の金がないという不幸を自覚しつつある。彼は誠実で、優しい心の持ち主なのだが、田舎からパリに出てきて、出世したいと願う者は、家名と優雅なマナー、美しい顔と贅沢な衣装一揃い、持参金のある配偶者または美貌の恋人と、貴族街にあるサロンへの顔パス権と機知がふんだんに必要であることがだんだんとわかってきたところで、自分の高潔な心を捨てて野心をとるか、煩悶している。

ゴリオはもともと穀類を扱う商売人だったが、戦争を背景にした穀類の高騰で大金を稼ぎ、娘も結婚したので、早めの引退生活を下宿屋で送っていた。ゴリオは何もかもなくして、ただ娘二人への愛情だけで生きている。だからフォンテンヌブローへの散歩道でストーカーのように娘を待ち受けて、ちらりとその微笑を見るだけで十分に生きていけるのだ。ゴリオの願いは娘二人がつつがなく、悩みごとがなく過ごせることなのだが、これがまた、少しもかなわないのだ。二人ともに裕福な夫を持っているのに、夫婦の間には愛情がなく、夫も妻も外に愛情を求めて、その愛人をつなぎとめておくのに大変なお金と心労がかかるからである。長女の愛人はギャンブルにはまりこんで大変な借金を抱える。次女のデルフィーヌは夫の投資のために自分のおこづかいさえままならない。そのデルフィーヌへラスチニャックが思慕を抱いたことから、悲しみですっかり老けこんだゴリオと親しくなる。

そんな二人の娘の窮状を召使いから聞き知っているゴリオは、それぞれの婿から家柄の格差ゆえ、出入り禁止にされているので、人知れずお金の工面だけに奔走する。それは父親としての義務だと心得、長女のピンチの時には一番大事にしていた銀食器までもつぶして、売り払ってしまう。肺腑をえぐられるような悲しい場面である。

そしてこの作品の圧巻は、下宿人のミショーが同じ下宿人である脱獄囚のヴォートランを警察に密告して逮捕された後の場面だ。ヴォートランについては誰も何も言わず、ずっと同じ食卓を囲んで飯を食ってきた仲なのに密告したミショーへの、下宿人一同からの一斉のブーイングの場面である。ここの住人はみな不遇な境遇にあるが、殺人犯よりも、金目当てに隣人を売る方が罪深いという一致した見解で、今すぐ出て行けとミショーは皆からそしられる。

作品の終盤、ラスチニャックは死に行くゴリオの尊厳を守るために、看取りのケアにあたって、新しいシーツや下着に気配りし、最後の願いの娘との対面のために、嫁ぎ先の両家へ伝言を取次に行く。そこで門前払いを食うので、結局は自腹を切って葬儀の段取りや墓場への付き添いまでやってやる。ラスチニャックの人間らしい心を、私も忘れたくないとしみじみと思う。

※バルザックの作品では、一風変わった『セラフィタ』がおすすめである。

6 六号室 アントン・チェーホフ（ロシア）1892年

この小説は病院の六号室に閉じ込められた狂人の患者と、医者の対話が主軸となるものがたりである。今の時代の感性からすれば、狂人というのは少々不穏な響きを持つかもしれないが、狂人と言い表さなければしっくりこない場合もあるので、ここはご容赦願いたい。

六号室のある別棟の建物の描写は、病院や施設に対して私たちが抱く嫌悪感、恐怖、不安をあらわしていて、不潔で不気味で、悪臭がただよい、おまけに古臭い。この一般的なイメージはたとえ病院や施設が新しくて、ピカピカの家具調度が置かれていたり、看護師が真新しいパステルカラーの制服で、ニコリと微笑みながら、患者様とよびかけきたとしても、何も変わらない。病院を綺麗にしたがるのは、そこに存在する重苦しい病気や死を覆い隠したいからである。それゆえ、ここにあるむきだしのきたならしさや、むきだしの暴力の方が私には好ましいと思える。

主人公の医師アンドレイ・エフィームイチは悪人とはほど遠いのだが、自分の意志を貫き通すだけの計画性や実行能力を持たない、役人気質の人物である。ある時、アンドレイは狂人の一人に興味を持ち、頻繁に六号室に通いつめるようになる。病院の医師なのだから、ある患者に興味を持つということは、治療に熱心にあたろうという態度ともうけとめられるが、他の医師からは「とうとう、こいつも頭に……」という疑いを持たれるようになった。

狂人と健常者との間には、大きく深い淵がある。あちら側とこちら側に厳しく峻別されて、そのあわいに長く止まることはできない。あちら側に興味を持ったり、共感を寄せたりすると、興味を持つ人までもがあちら側の人間とみなされてしまう。アンドレイもやがて「狂人」の烙印を押され、職を失うはめになる。

このような事態に至ったのは、長い孤独な生活のせいなのか、強いウォッカの飲み過ぎなのか、医師の器質的な問題なのか、判然とはしない。が、その結果アンドレイは「だまされて」六号室に住むことになる。看守のニキータから患者服に着替えるよう言われて、ようやく自分の自由と尊厳を失ったことに気がつく。

そして自分の長年の習慣である喫煙や飲酒が、そこでは続けられないことに気づき、「暴れようとする」。今度はニキータから三度の殴打を受けることで、「患者」としてのイニシエーションが完了する。

ここで救いとなるのは、アンドレイはそれから半日ほどで、患者としてか医師としてか、その生の舞台から追放されることである。彼は苦痛を知らなかったがゆえに、苦痛への身構えができていなかったので、ただ一度の苦痛で命まで失ってしまった。

翻って私たちの生活を思い起こそう。私たちは毎日このような、尊厳の剥奪に耐えて生きている。自分自身に何も起こらないとしても、他人の身に何かしらが起きている。勤め先の上司や同僚から、取引先のクライアントから、生活を共にするパートナーから、福祉サービスの利用者として相談窓口を訪れる時、病院や施設に入所する時などなど……耳に聞こえる言葉で、あざがつくほどの力で、または目にみえない陰険な形で、様々なハラスメントや暴力にさらされる。ほとんどの場合はそれを拒絶する言葉は出ない。なぜなら私たちの人権を剥奪する対象は、利害関係でがんじがらめになっている、とても身近な存在であることが多いのだから。

そのような経験のある読者（決して数は少なくないだろう）にとっては、深い共感をもって読むことのできるものがたりである。

※チェーホフの作品では『犬を連れた奥さん』もおすすめである。これを読むともう一度人生をやり直したい気持ちになるので、五〇代以下で読むことをおすすめする。

7　消去　トーマス・ベルンハルト（オーストリア）１９８６年

この小説はとても長大な作品なのだが、読み出すと、止められないので長い小説だということが気にならず読める。誰の作品にも似ていない文体に特徴があって、ストーリー展開が遅い、遅いというよりも全く進まないのだ。

筋としては、ローマで教授をしている主人公フランツ・ヨーゼフ・ムーラウがオーストリアにいる両親と弟が事故死したという電報を受け取って、帰宅して葬儀をとり行うまでの状況が語られていくのであるが、上巻の最後まできてもまだ、飛行機にも乗っていないのだ。最初読んだ時「いったいいつになったら飛行場に辿り着くのだろう?」と短気な私はヤキモキしてしまったものだ。

前半の〈電報〉の部分の圧巻は、主人公の母は「人工母、いわば作られた母親」でその人工母は人工子供を産み、さらには人工子供が生まれでてくる。と嘆くところである。「今日では…自然な人間などどこにもいない。」と断言される。まったく深い共感を覚える。今日では自然な人間は「天然」として、排斥されるのだから。

私たちは頭の先から足の踵まで「人工」「偽り」でなければならない。それは価値観であったり、生き方であったり、パートナーの選択であったり、いろんな場面が想定されるが、あらゆる場面で本当のことは言ってはいけない、本音のままの行動はできないことを意味する。本性に従って行動する人間は、常識を欠く人間として、忌み嫌われる。

また、ベルンハルトはこれでもかというくらい同じことを何度も何度も繰り返し、いろいろな角度から語っていく。ここでいやというほど語られるのは「家族といううんざりする人間関係」についてである。主人公は四人兄弟なので、父と母、兄と双子の妹へのうらみつらみが延々と展開される。はじめはこんな家族の中で育てられて、どんなにいやな思いをしただろうと同情の念でこれは家族における次男の悲劇なのかと思うのだが、果てしなく続くこの悪態がついには、滑稽きわまりない喜劇なのだとの認識に改められる。

この小説を読むと、私のように機能不全家庭に育った子どもはよくぞ、ここまで言ってくれました、と嬉しくなる。これが私の言いたかったことだと、ベルンハルトに感謝のメールでも送りたくなる。

作品中にもある通り、これだけの怨嗟があるということはそれと同じくらいの愛情がムーラウの心の中にはあるということだ。もしもこのような環境でない家庭環境が提供されたのであれば、それぞれがもっと違った人間として理解しあえたかもしれない。本来の人間性、本来広がるべき心性が途中で干からびさせられたという、二重の怨恨が主人公の中にあるのだ。当然のことながら、愛情の反対語は憎しみではなくて、「無関心」なのだから。

※翻訳されている作品は少ないが、他におすすめは、作家の哀切な自伝である『ある子供』である。

8 源氏物語「若菜」「横笛」　紫式部（平安時代中期）

日本文学からは世界最古ともいわれる小説の「源氏物語」をおすすめしたい。これはもちろん全編通して読むのがいいが、根気がない方はこの二巻だけでも読んで欲しい。原文で読むのは国語の先生でも骨が折れるので、気に入った作家の現代語訳で読むのがいい。

「若菜」は、与謝野晶子訳ではおよそ一一〇ページほどの分量である。光源氏が三九～四七歳までの期間を描いている。主なトピックとしては源氏の四十の賀（誕生会）、女三の宮との婚姻、紫の上に物怪がついて仮死状態に陥ること、女三の宮の姦通などである。

平安時代の貴族のお話しなので、今とは生活様式はまるっきり異なる。そのギャップの大きさを楽しんでほしい。たとえば当時の女性は実の男兄弟であっても顔を見せてはいけないことになっている。どうやって話をしたりするのかと言えば、すべて御簾ごし（パーテーションのようなもの）なのである。何らかの事情で顔を他人の男に覗かれたりすると、それは警戒心が薄いゆえの過失ということになってしまって非難されるのは顔を見られた女性になる。

ともかく時間の流れが現在とは全く違っていて、楽しく現実逃避ができる。読んでいると、タイムトリップして源氏が生きていた京の町を歩いてみたいなと思えてくる。平安時代にはメールはないので、通信手段としては墨をすってから文を書くのだし、出かける前には着物に香を焚き染めてから、移動は牛車、デートを成立させるためにはまず女性の有力な女房（マネージャーみたいな存在）を手なづけてからというふうに何事もまわりくどくて、効率的にはいかないのだ。なおかつそれぞれの過程に趣味のよさや人を動かす手腕が必要とされる。

病気になったら祈祷をしてもらうしかなく、祈祷をしてもらって物怪がついているとなっても、誰の生霊なのか死霊なのか、なんだかはっきりしなかったりで、まさに空気が読めないと生活できないような仕組みになっている。なんと優雅で、夢のような神秘的な生活なのだろう。この巻ではペットとして飼われている猫が出てきて「ねう、ねう」という鳴き声の擬音語も興味深い。

源氏が暮らす屋敷や天皇家の有様が丁寧に描写されているが、当然作者の価値観が反映されていて、女性に対する視線は厳しく鋭いものがある。

その典型的なものは、貴族の女性の理想像が凝縮している紫の上の造型である。その女性の理想とは容姿、立ち居振る舞いが美しいこと、夫から愛され続けること、教養を身に付けていること（和歌や音楽、香道など）、ハウスキーパーとして邸宅のマネジメントができること（裁縫や家具の季節ごとのしつらえ、使用人の管理監督など）などどれが欠けてもいけないのだ。

いわば貴族階級のファーストレディとして長く君臨するためには、すぐれたセンス、機知、管理能力が必要なのである。別の視点から見れば若い時には若さゆえの身体的魅力が尊ばれ、中年になってもそれらの能力があれば妻としての社会的価値が尊重されると言え、当時の女の幸せについても考えさせられる。

「横笛」は、一〇ページほどの短い巻だが、女性ならではの描写があって私は好きなところである。

女三ノ宮の生んだ赤ん坊がやっと歩くようになってきて、座敷に置いてあるたけのこの皮をはいで、中身をかじったりする描写がある。歯が生え始めてむずかゆい時期なのだろう、それを見た光は「いとねぢけたる色好みかな（変わった風流男だな：与謝野晶子訳）」と笑う。こんななんでもない日常の描写からも、源氏物語の情緒の豊かさが感じられる。

※紫式部作の百人一首の所蔵歌は「めぐりあひて見しやそれともわかぬまに　雲がくれにし夜半の月かな」です。

9　居酒屋　エミール・ゾラ（フランス）1877年

この作品は実は、私がこの世で一番好きな小説なので、何度も繰り返し読んできた。

パリの場末のきたならしいアパートを舞台に、片足が不自由だが美人のジェルヴェーズとその夫クーポーを中心に話が展開する。主人公はジェルヴェーズなのだが、「居酒屋」とタイトルにあるように、「アルコール」と労働者の問題が横糸にからんでくる。クーポーがアルコール依存症で死んでしまう描写がすごい迫力である。

ジェルヴェーズは故郷プロバンスでチャラ男のランチェに誘惑されて、パリへ出てくる。ランチェとは正式に結婚しないまま二人の男の子ができ、やがて捨てられる。彼女は子どもを養うため、クリーニング屋（洗濯屋）で仕事を始める。真面目で骨惜しみをしないで働くうち、ブリキ職人のクーポーからプロポーズされ結婚する。

「居酒屋」には労働者階級の人びとがたくさん出てくるが、それぞれの人物が実に生き生きしていて、その仕事場や仕事ぶりの描写が素晴らしく、いつのまにか一九世紀にすべり込み、うちふるわれるハンマーの音を聞き、洗濯場のむうっとする蒸気を吸っている気分になる。ゾラは、人びとの道徳的退廃、家庭内暴力、嫉妬や妬みなど、普通なら裏側へ隠しておきたいことを誇張して描き、一般大衆の大きな支持を得た。

ジェルヴェーズの人生は浮き沈みが激しく、よい時の生活が忘れられない結果、借金まみれになり、広い店舗付きのアパートを追い出され、穴倉のような狭い屋根裏部屋に移ることになる。彼女の転落の原因は食道楽であること、プライドが高く見栄張りなこと、情にもろいことなどで、一つひとつを取り上げれば、特にどうということのない欠点なのだが、それが一緒くたになって、また夫のアルコール依存症もあって、最後の悲惨な結末に導かれていく。また、ジェルヴェーズが生活に行き詰まり墓掘り人夫の部屋を思い余って叩く場面は、人生の大いなる真実を明かしている。人間死にたいと思った時にはめったに死ぬことはできず、死にたくない時に死が訪れるという皮肉である。

この作品はフランス文学の傑作であると同時に、私にとって深い思い入れがあるのは、ジェルヴェーズが私の母に瓜二つだからである。そのメンタリティがそっくりなので、これを読むたびに私は亡き母に遭遇する気がする。共通点はジェルヴェーズのイネーブラーたるところである。典型的なイネーブラーのジェルヴェーズは夫を甘やかし、貢いだ挙句、アルコール依存症に仕上げてしまう。もちろんクーポーの堕落は、彼女のせいばかりではないのだが。

この小説の魅力はこの紙幅で述べ尽くせないが、忘れられないのはクーポーの娘のナナである。後に高等娼婦：ココットになるナナはまだここでは子どもであり、あどけなくも揺れ動く心を持てあまして、パリの下町に埋もれている。美しいブロンドの髪をなびかせて、パリの下町の中庭を闊歩するナナには無垢な美しさがあった。やがてナナの白い心に最初にしみをつけてしまうのは、酒を飲んでくだをまく父親のクーポーであり、女の生き方の悪い見本をみせて、心に毒を流したのは母親のジェルヴェーズである。

ナナに乙女の心が萌してきた頃の、胸が引き裂かれるエピソードがある。ナナがどこかでひろってきたブリキのハート型のペンダントを得意そうに首からかけていると、酔っ払ったクーポーがそのペンダントをひったくって靴の踵で踏み潰すのだ。ナナにとっては何ものにも代えがたいそのペンダントが踏み潰された後、悲痛な思いをナナは「ブタ！」という言葉にして吐き出す。こんな小さな女の子の声にならない声をすくい取ってくれているゾラの繊細さに私はずっと魅了されてきた。

※他の作品では『クロードの告白』がおすすめである。ゾラの糞真面目なところが楽しめる短編である。

10 人はなんで生きるか　レフ・トルストイ（ロシア）1882年

この作品はトルストイの晩年の民話集に属する短い作品である。エピローグには聖書からの引用もあるし、キリスト教を背景にした宗教色の濃い作品となっている。しかし無宗教の読者が読んだとしても深く魂を揺さぶられる物語である。

筋書きはとてもシンプルだ。ある貧しい靴屋の夫婦のところに無垢でけがれのない文字通り裸の青年ミハエルが転がりこんでくる。無口でよく働く青年なのだが、それまでの境遇などについては一切話さない。しかし、靴屋の仕事は職人のセミョーンより上手にできるようになったので、近所で評判の靴屋となり、貧しかった夫婦は暮らし向きが楽になる。ミハエルは六年ほど靴屋で暮らすのだが、ある母娘と再会することで、もとの境遇（天使）にもどることができた。なぜ天使であったミハエルが地上に追い落とされたか、それは神様の指示に疑問を持ち、背こうとしたことがきっかけであった。そして神様から三つの問いがわかるまで、人として生きろと命じられたのである。

この作品から伝わってくるのは、人は大変な苦しみや悲しみ、大きな罪を背負いながらしか生きられないのだし、生きる苦しみとは決して消すことも償うこともできないその罪や苦しみをじっと直視すること、だということである。そして人はその大きな苦しみを通してしか、真実を知ることができないということなのだ。聖書にもこう述べられている。

「忍耐は練達を生み出し、練達は希望を生み出すことを知っているからである。そして、希望は失望に終わることはない」――（ローマ人への手紙：新約聖書）――

神様からの第一の問いは「人の心には何があるか？」ということである。これにはいろいろな答えがあるだろうが、ミハエルは愛があるということを見出す。私たちが日常生活に追われているとつい忘れてしまいがちな真実である。そしてそのことを知っている人でもそれをどんな形であらわすかは人それぞれで、一生何の形としても表さない、表せない人も多いのかもしれない。

第二の問いは「人に与えられていないものは何か？」。答えは人には明日起こること、一瞬先に待ち構えているものすら少しも見えていないということなのだ。これも普遍的な真実なのだが、人は自分の得手勝手な想定で未来を予測、憶測をして、よいふうにあるいは悪いふうに明日を想像し、根拠もないのに楽観したり、煩悶したりする。そのためにまた罪を作ったり、誰かが思わぬ得をしたりすることもある。

第三の問い「人はなんで生きるか？」の答えは、実際に読んでみてからの楽しみのために伏せておくが、これもまた想像通りにごくごくシンプルなことなのだ。しかし真実のままに生きることは、太陽を直視するがごとく、大変に難しく厳しいことでもある。人が皆、真実に従って生きられるならば、この世の苦しみの大半はほぼなくなってしまうに違いない。

これは子どもから百歳になった高齢者まで繰り返し読むべき作品である。読後は本当に心が洗われるようになって、晴れ晴れしい心持ちになれる。ただ日常のあれこれの雑事にかかりきりになっていると、ついこの三つの大切な真実を忘れてしまうことになる。だから人生の節目節目に繰り返し読まなくてはいけないと思う。トルストイの精神の精髄に触れることができる作品でもある。

※他の作品の一押しは「アンナ・カレーニナ」である。アンナがもし現代に生きていたならば、列車に飛び込むことなく、老人ホームの経営にでも手腕を発揮して長生きができたのではないかと私は想像している。

あとがき　感謝をこめて

父と母はまったく対照的な死に方をした。母は突然亡くなったので、遺体には衰弱も病気の気配も何もなかった。父はと言えば二年の間にゆっくりと病状がすすみ、最期は釈迦苦行像さながら痩せ衰えて亡くなった。父は生きている時から「死んで」いるように見え、母は亡くなってからも「生きて」いるようだった。どちらも介護らしいことをせずに見送った。いろんな後悔や悲しみが残されたままで、それはそのまま利用者への共感の思いにつながっている。

私は介護の仕事が好きで続けてきたのであるが、堂々と介護の仕事をしていますと言いにくい気分を抱えている。介護の専門性とは、利用者のこころの真のよりどころになることではないかと思う。しかし、自分がどこまでその方のこころに寄り添えたかどうかは、心もとなく自分の未熟さを恥じるばかりだからである。

生身の人間と相対する介護の仕事の醍醐味は、「今、ここに」ある一瞬は二度と繰り返されない人生のときであり、失敗は許されないという緊張感に満ちていることである。時にはドラマのクライマックスのような緊迫感があり、こちらの言葉やふるまいが間違っていれば、利用者を傷つけてしまう。かかわりがたまさかうまくいけば、利用者のこころの奥に触れ、気持ちが通じ合えるというよろこびにつながっていく。

当然、仕事で行う介護と身内の介護はまったく違う。身内の介護は理屈通りにいかず、突然にやってくる災難のように思う方も多いかと思う。しかし災難と思うよりは、自分にしかできない貴重な役割ととらえ直して、日々を過ごしてもらえたらと思う。自分のしんどさ、つらさは誰かの快適さ、喜びにつながっている。そして自分の引きうけたしんどさは、やがて自分を大きく成長させるたねとなってくれる。

他人の介護、親の介護、きょうだいの介護、子の介護、自分の介護。距離や形は違っても、考え方ややることの根っこは同じではないか？　便利なサービスがあれば活用し、ないサービスは工夫や助け合いで乗りきり、病院や施設とはべったり付き合わずにすませたい。

マイケアプランの考え方はいたってシンプル。自分のことは年をとっても、最期まで自分で考える。人工知能やロボットに至るところで出くわすようになっている現代にあっては、考えないことが、まさに原罪となるのだろうから。

今回は介護保険のマイケアプラン＝自己作成に焦点をあて、全国マイケアプラン・ネットワークの会員の皆様からは貴重な情報をいただき、マイケアプラン研究会の運営委員の方々からはあたたかい励ましを受け、いろいろな方に取材をさせていただくことができました。この場を借りて感謝申し上げます。この本を通して、介護や福祉の仕事に対して少しでも世間の関心が広がっていけば、うれしい限りです。

取材を受けていただいた方々はほとんど初対面にもかかわらず、心に触れるお話しをじっくり聞かせて下さり、本当にありがとうございました。お話しいただいた声音を十分に文章化できなかった悔いは残りますが、私自身が勇気付けられ、生きる希望をいただけました。

この本を出版するにあたっては様々な方からの励ましや助言をいただきました。なによりも長い付き合いの同人誌仲間の心の声に励まされて、上梓することができました。かもがわ出版の吉田様にも大きなお力を貸していただけたことを、あらためて感謝いたします。

二〇一六年一二月　子午線の通るまちにて　　きたじま　ちよこ

[著者紹介]
きたじまちよこ

介護支援専門員、介護福祉士、管理栄養士。

高齢者施設の管理栄養士を経て、高齢者や知的障害者施設の介護職員、ヘルパーの提供責任者、ケアマネジャーなどの仕事に携わる。

現在、介護系訓練校の講師。全国マイケアプラン・ネットワーク、マイケアプラン研究会会員。アロマテラピー・ワークショップ「HADALY」主宰。

Mail：ferme@ac.auone-net.jp

イラスト・装幀：加門　啓子

リアリズムの老後――自分らしい介護とマイケアプラン

2017年4月1日　第1刷発行

著　者――©きたじまちよこ
発行者――竹村　正治
発行所――株式会社　かもがわ出版
〒602-8119　京都市上京区堀川通出水西入
☎ 075(432)2868　FAX 075(432)2869
振替 01010－5－12436
印　刷――新日本プロセス株式会社

ISBN978-4-7803-0906-5　C0036

●暮らしデザイン研究所・編●

地域で支える高齢期の整理収納

自宅でいきいき暮らすために

「断捨離」ではなく、思いのこもったモノに寄り添いつつ、今を生きる高齢者の生活の質を高める居住環境支援。整理収納サポーター養成講座基礎研修公式テキスト。

（本体・1800円）

●高齢期を考えるかもがわ出版の本●